Bea Borelles Zirkusschule

Gudrun Braun

KOSMOS

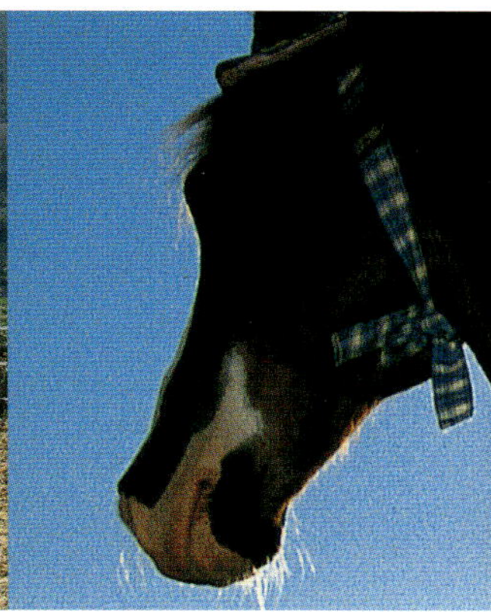

› Herzlich Willkommen in der Zirkusschule

Liebe Pferdefreunde,

Als Erstes möchte ich mich bei Ihnen bedanken!

Sie haben mich erneut dazu veranlasst, mir intensiv Gedanken über meine Arbeit mit Pferden zu machen. Das hat mir zu noch mehr Klarheit und Präzision verholfen. Mit Blick auf Sie bin ich meine eigene Arbeit bewusster durchgegangen, mit Ihren Wünschen und Fragen stets im Hinterkopf.

Ich nehme Sie als Leser also nicht erst jetzt wahr. Sie haben mich bereits beim Schreiben dieses Buches begleitet und geführt!

Trotzdem an dieser Stelle: Herzlich Willkommen!

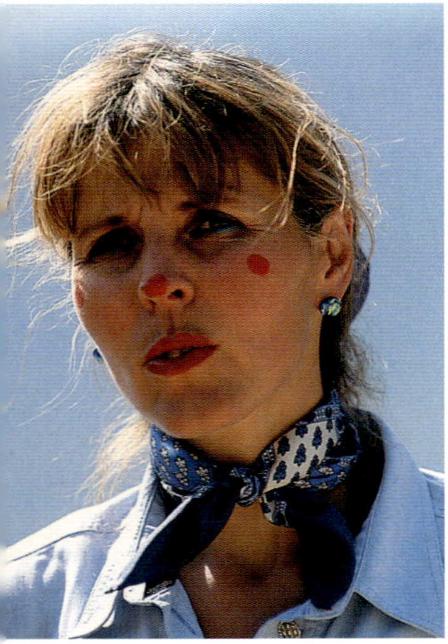

Auch ein Clown muss die Arbeit kritisch prüfen.

Pferde, die Zirkuslektionen präsentieren können, sind immer noch etwas Besonderes. Ich freue mich, dass Sie sich für dieses Thema interessieren, denn Sie und Ihr Pferd werden erleben, wie viel Spaß und Begeisterung Sie gemeinsam entwickeln werden.

Bevor Sie dieses Buch gekauft haben, haben Sie sich bestimmt auch andere Literatur zum Thema Zirkustraining angesehen. Schön, dass Sie sich für dieses Buch entschieden haben. Wahrscheinlich haben Sie sich wie viele andere Leser vor allem von meinem kleinen Freund Ben angesprochen gefühlt. Was mache ich mit Ben und meinen anderen Pferden anders als meine Kolleginnen und Kollegen?

Ich denke, meine Einsichten, Erfahrungen und Schlussfolgerungen zum Show- und Zirkustraining sind lesens- und nachahmenswert, weil ich Sie und Ihr Pferd bewusst ermutigen, befähigen und begeistern möchte.

Sie werden schon im Training gemeinsam Spaß haben, Sie werden sich freudig auf Ihre Vorführungen vorbereiten und in einer Show glücklich den Applaus entgegennehmen.

Sie werden erfahren, warum Zirkuslektionen für die generelle Ausbildung Ihres Pferdes sinnvoll sind, ganz egal in welcher Sparte Sie es ausbilden.

Vor allem liegt mir aber am Herzen, Ihnen zu vermitteln, wie Sie die schwierigste Sparte, nämlich das Dressurreiten, mit Hilfe von Zirkuslektionen erheitern können. Die Freude sollen zukünftig beide Disziplinen gemeinsam haben. Lernen Sie durch die Zirkuslektionen, Pferde für triste Dressurarbeit zu begeistern.

Ich erkläre und demonstriere in den folgenden Kapiteln Zirkusübungen, die wirklich jedes Pferd zustande bringt. Es sind Lektionen, die bei sorgsamer Vorgehensweise gänzlich ungefährlich sind und die Sie und Ihr Pferd zu einer neuen, intensiven Partnerschaft befähigen. Es macht einfach Freude, mit Pferden auf diese Art zu trainieren. Mein persönliches Ziel ist es, Pferde zum Lachen zu bringen – wenn ich zusätzlich Schüler und Zuschauer erfreuen kann, dann macht es mir noch viel mehr Spaß. Ich hoffe, diese schönen Erfahrungen werden auch Sie bald machen können!

Wenn Sie schon von mir gehört haben, vielleicht sogar mein Buch „Bea Borelles Pferdetraining" in Ihrem Bücherregal steht und Sie die eine oder andere Übung mit Ihrem Pferd ausprobiert und erfolgreich umgesetzt haben, dann freue ich mich sehr darüber. Sie werden also schon wissen, dass ich eine Trainerin bin, die ein breites Spektrum der Schulung von Pferden abdeckt.

Denn ich bin keinesfalls ausschließlich auf Zirkuslektionen spezialisiert. Falls Sie mich noch nicht kennen sollten, möchte ich mich kurz vorstellen.

Mein Repertoire reicht von der Grundausbildung des Pferdes über Longieren, der Schulung an der Hand und an der Doppellonge sowie am langen Zügel, über die reiterliche Grundausbildung bis zu den Lektionen der Hohen Schule.

Wer mich sehr privat kennt, der weiß, dass ich nur äußerlich erwachsen bin. Eigentlich bin ich aber ein albernes, kleines Mädchen geblieben, das Langeweile hasst und immer auf der Suche nach neuem Schabernack ist.

Meine Pferde sind mein „Spielzeug", das ich mit viel Liebe und Respekt behandle, wie ein Kind, das so bald keine neuen Spielsachen mehr bekommen wird und deshalb die alten mit größter Sorgfalt behandelt.

Meine langjährigen Erfahrungen mit Zirkuslektionen übertrage ich generell auf die Ausbildung von Pferden. Denn gerade die Zirkuslektionen sind es, die erleben lassen, wie schnell Pferde lernen und begreifen können. Diese Erkenntnisse sind auch gültig für die Erarbeitung der viel komplexeren und komplizierteren Dressurlektionen unter dem Sattel.

Mit Hilfe von Zirkuslektionen ist es möglich, Pferde zu hoher Leistung zu motivieren und auch in den für sie vielleicht eher langweiligen Dressurlektionen zum Lachen zu bringen.

Ich selber wurde in den 80er Jahren während einer Equitana, der großen Essener Pferdemesse, das erste Mal richtig auf das Zirkustraining mit Pferden aufmerksam. 1989 habe ich meine Ausbildungen bei Linda Tellington-Jones und Richard Hinrichs begonnen. Pferde hatten mich schon vorher im Zirkus und anderen professionellen Shows fasziniert. Besonders an die sitzenden Pferde der Chiccos oder die Friesen von Günther Fröhlich erinnere ich mich gerne. Den richtigen „Kick" bekam ich aber erst durch die Galashow der Equitana. Ich kann mich noch gut an eine komische

Das Pony und seine Clowns.

Spannung vor dem Auftritt.

Nummer erinnern, in der sich ein Pferd ins Bett gelegt und anschließend selber zugedeckt hat.

Und mir ging es damals wohl genauso wie Ihnen: Ich war zunächst einmal fasziniert und stellte mir dann die Frage, ob ich diese Übungen wohl selbst meinem Pferd beibringen könnte? Heute reichen meine Erfahrungen darin wahrscheinlich sehr viel weiter als Ihre und ich möchte sie deshalb gerne mit Ihnen teilen.

Es wäre wünschenswert, dass Sie als Ergänzung zu diesem Buch auch in das Buch „Bea Borelles Pferdetraining" hineinschauen, weil dort die grundlegenden und vorbereitenden Prinzipien und Übungen ausführlich erklärt werden, die zu meinem Zirkustraining dazugehören, so vor allen Dingen die am Anfang stehenden Übungen einschließlich des Kapitels „Arbeit an der Hand".

In erwähntem Buch berichte ich von meiner Anglo-Araber Stute Monodie, meinem ersten eigenen Pferd. Monodie war so extrem kompliziert und gefährlich, dass ich ohne eine gründliche Erziehung keinen Schritt weitergekommen wäre. Durch Monodie lernte ich, wie ich einen soliden Grundgehorsam in den Führpositionen erreichen konnte. Später konnte ich mit ihr dann auch frei in einer kleinen Halle arbeiten – heute würde man es Round Pen nennen – und begann, freie Manegenarbeit mit ihr zu trainieren. Sie wurde so gehorsam, dass sie auf mein Stimmsignal hin in jede Gangart wechselte, Handwechsel vollzog und beliebig lange wie eine Statue verharrte. Das war im Prinzip ein Training, wie man es auch in der Zirkusmanege zu sehen bekommt.

Mit Monodie ging ich zu dem bekannten Dressurausbilder Richard Hinrichs. Zusätzlich zum Dressurreiten konnte ich bei ihm zum ersten Mal Lektionen wie den Spanischen Schritt oder das Kompliment beobachten und lernen.

Monodie lernte den Spanischen Schritt, das Kompliment, das flache Hinlegen und Sitzen. Schon nach einem Jahr konnte ich mit meiner Stute eine erste kleine Schaunummer vorführen. Zu dieser Zeit gab ich Kindern Reitunterricht und veranstaltete einmal im Jahr ein kleines Kinderfest. Alle Eltern wurden eingeladen und die Kinder konnten zeigen, was sie gelernt hatten. Mein Zirkusprogramm mit Monodie war ein kleines Extra, in das Übungen integriert waren, die ich aus der TT.E.A.M-Methode kannte. Ich ließ sie beispielsweise durch einen Flattervorhang und über eine Wippe gehen. Zum Schluss ritt ich sie ungesattelt und ohne Zaumzeug auf dem Reitplatz. Diese Vorführung machte Monodie, den Zuschauern und mir riesigen Spaß.

Damals besaß ich auch eine Pony-Stute namens Schnucki, die ich ebenfalls in die Welt der Zirkuslektionen einführte. 1991 kam dann mein „berühmtes" Pony Ben zu mir. Nachdem ich Ben eine solide Grunderziehung angedeihen ließ, begann ich mit den ersten Zirkuslektionen. Seitdem ist das Repertoire des Ponywallachs so umfangreich geworden, dass ich eine Liste erstellt habe, um nicht zu vergessen, was er alles kann. Sie finden diese Aufstellung am Ende des Buches.

Seit kurzem ist auch Bens neue Kameradin Anouk im Training dabei. Schon am zweiten Tag unseres Kennenlernens nahm ich die Pony-Stute mit ins Zirkustraining und habe ihr just das Kompliment beigebracht. Anouk war schon so weit ausgebildet, dass ich mir ein spezielles Beziehungs- oder Vertrauenstraining sparen konnte. Im Gegenteil, durch die Zirkuslektionen konnte ich ihr sehr schnell vermitteln, dass sie für bestimmte Bewegungen sehr viel Lob und Futter bekommt. Damit habe ich erreicht, dass die Stute neugierig auf mich wurde und bestrebt war, eine Beziehung mit mir einzugehen.

Wer sich in Zirkuslektionen sicher genug fühlt, kann auf diese Weise versuchen, mit seinem Pferd Freundschaft zu schließen. Auch das ist ein guter Grund, sich mit Zirkuslektionen zu beschäftigen, finden Sie nicht?

Eine ähnliche Situation erlebe ich immer wieder auch in meinen Kursen. Ich habe dort nicht die Möglichkeit, die Pferde intensiv kennen zu lernen oder vorher ein Beziehungs- und Vertrauensverhältnis aufzubauen. Ich gehe direkt ans Pferd und demonstriere, wie bestimmte Übungen auszuführen sind. Das klappt durch intensives Loben und die Futtergaben direkt im Anschluss an eine gelungene Übung immer problemlos.

Nachdem ich selbst die ersten klassischen Zirkuslektionen kennen gelernt hatte, fing ich sehr bald an, eigenständige Ideen zu entwickeln. Dabei half mir auch die Logik und die Systematik der TT.E.A.M-Methode, durch die ich lernte, jede Übung zu analysieren und in Einzelschritte aufzuteilen.

Anregungen und Ideen suchte und suche ich immer wieder auf Festivals und in Vorführungen auf der Equitana. Das sind meine Fortbildungsveranstaltungen. Als ich selbst mit Zirkuslektionen begann, gab es noch keine Literatur, auf die ich zurückgreifen konnte.

Sie haben nun dieses Buch als Übungsgrundlage, das auch Dank der Mitarbeit meiner Co-Autorin Gudrun Braun entstanden ist. Viel Spaß beim Lesen und Üben!

Ihre

Bea Borelle

Von allen Pferden ist Ben am längsten mit Bea Borelle verbunden.

Meine Pferde

Monodie, Anglo-Araber Stute, geb. 1976
Monodie lernte ich 1980 als Reitbeteiligungspferd kennen und kaufte sie ein Jahr später. Mit ihr nahm ich Unterricht bei bekannten Ausbildern wie Kurt Schulze, Claus Penquitt und Richard Hinrichs. 1989 begann ich die Ausbildung zur TTEAM-Practitionerin bei Linda Tellington-Jones. 1996, nachdem ich mit Monodie zwei Jahre in Portugal gelebt hatte, verkaufte ich sie an eine meiner Schülerinnen. Bei ihr verbrachte sie ihren Lebensabend.

Barros, Lusitano-Mix Wallach, geb. ca. 1986
Barros begegnete ich 1994 in Portugal bei Joaquim Barros, während ich dort lebte und arbeitete. 1996 kaufte ich den damaligen Hengst und ging mit ihm zurück nach Deutschland. Im Oktober 2000 musste ich Barros wegen einer unheilbaren Verletzung einschläfern lassen. Der Verlust schmerzt mich bis heute.

Ben, Pony-Mix Wallach, geb. ca. 1989
Ben kam 1991 zu mir. Da er wegen seines Stockmaßes kein Reitpferd für mich sein konnte, bildete ich ihn an der Hand aus und begann mit Zirkuslektionen. Seit 2001 lebt er mit mir in Südfrankreich. Sein Repertoire, nicht nur an Zirkuslektionen, ist inzwischen riesig. Ben ist sicher eines der am vielseitigsten ausgebildeten Ponys in Europa oder der Welt.

1. Monodie, Anglo-Araber Stute
2. Barros, Lusitano-Mix Wallach
3. Anouk, Pony-Mix Stute
4. Ben, Pony-Mix Wallach
5. Tabea, Trakehner Stute

Tabea, Trakehner Stute, geb. 1997
Tabea kaufte ich 2001 vom Trakehnergestüt Webelsgrund. Sie stammt aus der Talinka von Karon, der Vater ist Monsieur AA. Sie siedelte 2001 mit mir und Ben nach Frankreich um. Im gleichen Jahr erlitt sie einen schweren Unfall und ich musste sie drei Monate aus dem Training nehmen. Seit November 2001 wird sie von mir vielseitig ausgebildet: unter dem Sattel, an der Hand und in Zirkuslektionen.

Anouk, Pony-Mix Stute, geb. 1998
Anouk schenkte mir meine Schwester 2002 zu meiner Hochzeit. Die Stute war damals unreitbar und galt als sehr schwierig. Seit Anfang 2003 lebt sie mit uns in Frankreich und lernt unglaublich schnell: Sie lässt sich frei longieren, geht in der Doppellonge und am langen Zügel und kann schon eine ganze Reihe an Zirkuslektionen wie Hinlegen, Sitzen und das Kompliment. Inzwischen hat sie ihren „Langzeit-Test" bestanden und ist zuverlässig in allen Gangarten reitbar. Die Ursachen für ihre Schwierigkeiten sind beseitigt. Sie beginnt zu piaffieren und ist auf dem halbem Weg zum Spanischen Schritt. Außerdem springt sie ebenso wie Ben und Tabea ganz toll.

4

3

5

Beas Zirkusschule – Die Basics

› Was sind Zirkuslektionen?

Schon in der Schule haben wir gelernt, dass jedes neue Thema mit einer Definition beginnt, also mit einer kurzen Beschreibung der Thematik. Zirkuslektionen sind Übungen, die dem Zirkus entstammen, deshalb werden sie auch so genannt. Es gibt sie in keiner anderen Reitsparte, außer im Zirkus. Der Begriff Zirkus leitet sich von dem Begriff Zirkel oder Kreis ab. Im Zirkus wird den Zuschauern in einem Zelt innerhalb der Manege ein vielseitiges Programm von Tierdressuren, akrobatischen Nummern oder Clownerien angeboten, das die Menschen unterhalten, in Staunen versetzen und zum Lachen oder Weinen bringen soll.

Obwohl viele Zirkuslektionen spektakulär aussehen, basieren sie immer auf natürlichen Verhaltensweisen der Tiere, die vom Trainer durch entsprechendes Training und Dressur sowie mit Lob und Futter abgerufen werden können.

In jedem Fall sind es im natürlichen Verhalten des Pferdes vorkommende Bewegungen, die so vorgestellt werden, dass sie beim Publikum Aufmerksamkeit erregen. Das Kompliment oder das Knien sind beispielsweise Verhaltensweisen, die in der Natur zu beobachten sind. Pferde verharren beim Aufstehen gerne auch mal in der Sitzposition, um sich gemütlich den Bauch zu kratzen. Vielfach sind Zirkuslektionen statische Übungen: Kompliment, Sitzen und Knien sind statische Körperhaltungen, die an einem festen Platz eingenommen werden. Das Pferd verharrt mehr oder weniger lang in der Lektion.

Daneben gibt es Bewegungsübungen, die kontinuierlich im Raum ausgeführt werden, wie beispielsweise Apportieren eines Gegenstandes oder der Spanische Schritt, Walzer oder Rückwärtstreten.

Es gibt unter den Zirkuslektionen absolute Klassiker und echte Showtricks, die der Phantasie des jeweiligen Trainers entsprungen sind, wie das Springen durch Feuer oder durch eine Papierwand.

› Welchen Pferden können Sie Zirkuslektionen beibringen?

Grundsätzlich kann ich bestätigen, dass man mit jedem Pferd Zirkuslektionen erarbeiten kann. Dabei haben die einen mehr Spaß an diesem Thema, andere lernen sehr schnell und wieder andere finden nur langsam Zugang zur Zirkusarbeit. Das ist ganz natürlich.

Alter Das jüngste Pferd, das zu einem Kurs erschien, war eine angeblich halbjährige Ponystute. Darüberhinaus hatte ich es in einem Kurs mit einem eineinhalbjährigen Friesenhengst zu tun, der schon einige Zirkustricks beherrschte. Das sind aber sicherlich Ausnahmen. Pferde sind körperlich erst mit sieben Jahren vollständig ausgewachsen und maximal belastbar. Im Alter von drei bis vier Jahren sind die meisten Rassen körperlich jedoch so weit entwickelt, dass mit ihrer Ausbildung, also auch mit Zirkuslektionen, begonnen werden kann. In diesem Alter verfügen sie auch über eine ausreichende geistige Reife und Konzentrationsfähigkeit, so dass ihnen das Lernen leicht fällt.

Aber auch ältere, schon weit ausgebildete Pferde können Zirkuslektionen noch lernen. Vielfach sind sie die dankbarsten Schüler, denn sie freuen sich über Abwechslung vom üblichen Training. Im Grunde kann man Pferden bis ins hohe Alter Zirkuslektionen beibringen. Dabei meine ich nicht alle Lektionen, sondern ausgewählte, die auf das Pferd und seine individuelle körperliche und gesundheitliche Verfassung abgestimmt sind.
In den folgenden Kapiteln gehe ich darauf ein, welche Lektionen sich für einzelne Pferde eignen und welche Voraussetzungen sie dazu mitbringen müssen.

Die Zirkusarbeit mit Ponys ist oft sehr leicht.

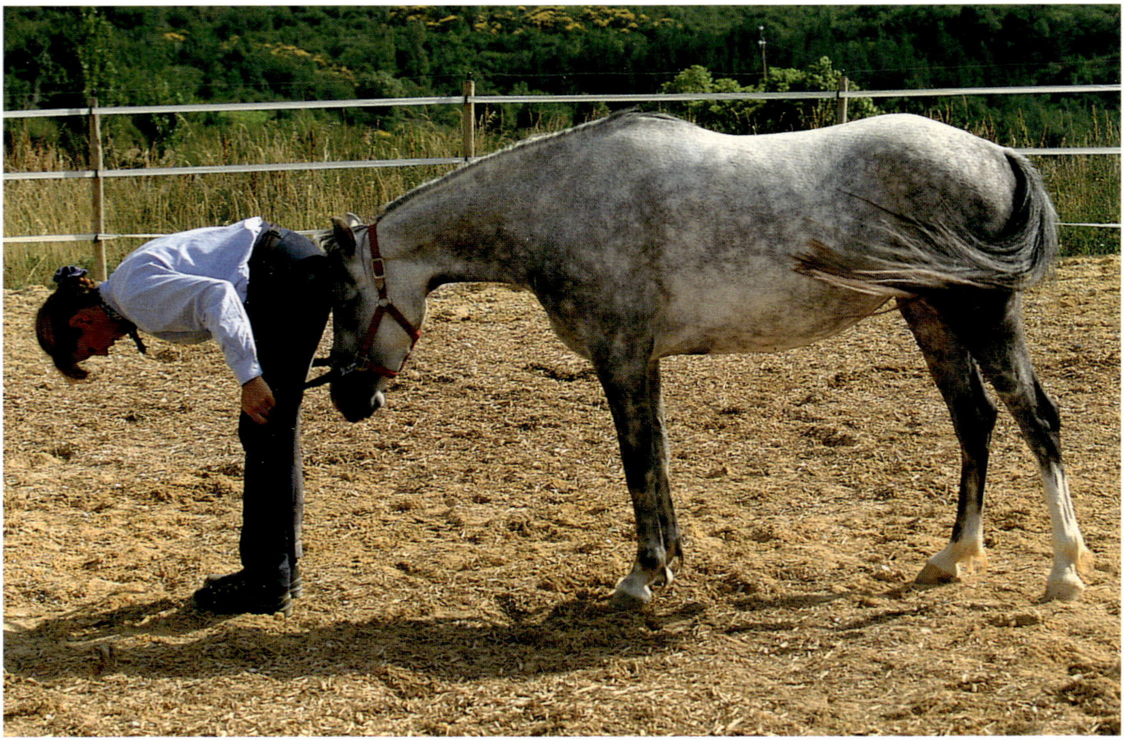

Größe Im Laufe der Jahre habe ich festgestellt: Je kleiner das Pferd ist, umso schneller lernt es Zirkuslektionen. Wahrscheinlich liegt es daran, dass kleinere Pferde für uns Menschen von der Größe her schon leichter im Handling sind. Kleinere Pferde, sprich Ponys, bringen meist auch ein sehr viel größeres Selbstbewusstsein mit und finden die Übungen weniger bedrohlich als größere Pferde, die unter physischen Gesichtspunkten ganz andere Schwierigkeiten haben, sich Richtung Boden zu bewegen. So können sich bei großen Pferden, die über 165 cm Stockmaß hinausgehen, doch erhebliche Schwierigkeiten bei der Lektion des Hinlegens ergeben. Es kann sein, dass es nicht gelingt, solche Pferde von der Übung Hinlegen zu überzeugen.

Temperament und Intelligenz Bezogen auf das Temperament müssen Pferde, die leicht hektisch oder hysterisch werden, entsprechend ruhig und gelassen an die Zirkuslektionen herangeführt werden, die bodenwärts gehen. Man muss sich mit solchen Tieren wesentlich mehr Zeit nehmen als mit Pferden, die von sich aus gelassen und selbstsicher sind.

Häufig sind die kleineren und hochblütigeren Pferde die intelligenteren. Das bedeutet lediglich, dass die Ausbildung schneller voranschreitet und das Repertoire entsprechend umfangreicher werden kann.

Rasse und Geschlecht Die Rasse oder das Geschlecht spielen bezüglich der Begabung für Zirkuslektionen eine absolut untergeordnete Rolle. Es kann aber sein, dass bei dominanten Stuten oder Hengsten ein geübter Umgang erforderlich ist.

Nicht selten beobachte ich in meinen Kursen, dass Hengste und Wallache in der ruhigen Arbeit entspannt ausschachten. Den einen Besitzer stört das, der andere hat es noch gar nicht bemerkt, aber dem Betrachter fällt es natürlich auf. Auf dieses Verhalten des Pferdes gehe ich in keiner Weise ein. In der täglichen Arbeit stört es mich nicht und die Schaunummern würde ich lebhaft gestalten, damit der Wallach bzw. Hengst nicht zum Ausschachten kommt. Es sind immer wieder die anhaltend ruhigen Lektionen, in denen die Pferde dieses Verhalten zeigen.

Gesundheit Bezogen auf die Gesundheit ist zu sagen, dass Pferde, die dehnende Zirkuslektionen wie Plié, Kompliment, A genoux, Sitzen oder Spanischen Schritt lernen sollen, vollkommen gesund sein müssen. Pferde, die zum Beispiel eine lose Kniescheibe haben, arbeite ich nicht in dehnenden oder streckenden Lektionen, weil ich nicht einschätzen kann, wie sehr sie ihnen schaden könnten.

Auch ein Wallach lernt das Steigen.

Selbstbewusstein fördert keckes Auftreten.

Es gibt aber auch ein Zirkus-Repertoire für das kranke Pferd. Ein lahmendes Pferd, das nur im Schritt gearbeitet werden kann, kann durchaus einige der statischen Lektionen wie die Statue, Ja- oder Nein-Sagen, Apportieren oder Teppichausrollen lernen.

Erziehung und Vorwissen Es ist sicherlich einsichtig, dass ein Pferd ein ungestörtes, angst- und aggressionsfreies Verhältnis seinem Besitzer gegenüber haben soll. Das Pferd muss sich überall berühren lassen. Angst und Abwehr wären unnötige Störfaktoren. Das Verhältnis zwischen Pferd und Mensch muss ungetrübt und gut sein – viele der notwendigen Vorübungen für Zirkuslektionen bereiten zudem den Weg für eine gute Partnerschaft.

Das heißt, die Atmosphäre für ruhiges, ungestörtes Lernen sollte bereits vorhanden sein. Anouk kam mit einem übersensiblen Verhalten zu mir. Sie kannte Menschen und wusste, dass diese immer wieder neues Lernen forderten. Sie reagierte nervös und hektisch oder bockte und stieg. Obwohl mich die Stute nicht kannte, baute ich bei der täglichen Arbeit unmittelbar Zirkuslektionen ein. Es macht für mich keinen Unterschied, ob ein Pferd Rückwärtstreten, Übungen an der Longe, an der Hand, unter dem Sattel oder eben Zirkuslektionen lernen soll.

Sehr förderlich ist es, wenn Mensch und Pferd das Führtraining beherrschen. Das bringt mehr Klarheit für beide Seiten. Wenn man die Didaktik der Zirkuslektionen befolgt, erreicht man beim Pferd große Lernbereitschaft und die Erkenntnis: Lernen macht Spaß!

› Wo trainieren Sie Zirkuslektionen?

Ben zeigt eine gedrehte Referenz-Pirouette. Der Boden gibt weich nach.

Trainingsraum Als sehr gute Übungsräume eignen sich die Reithalle, der Außenplatz und der Longierzirkel oder Round Pen mit entsprechendem Bodenbelag. In einer großen Halle oder auf einem Außenplatz stecke ich mir den benötigten Bereich mit Bändern ab. Ich begrenze die Größe des Terrains, damit mein Pferd, falls es sich ungewollt entfernen sollte, nicht zu weit von mir weglaufen kann. In jedem Fall rate ich davon ab, auf gänzlich uneingezäunter Fläche zu trainieren. Nur ein fortgeschrittener Trainer mit einem geübten Pferd kann aufgrund der langen Erfahrung auf ein uneingeschränktes Vertrauen und sichere Abrufbarkeit bauen – für alle anderen bringt ein zu großer Platz nur unnötige Frusterlebnisse.

Bei der Benutzung der Weide taucht immer wieder die Frage auf, ob man eine Fläche, die sonst als Futter-, Ruhe- und Erholungsfläche genutzt wird, zur Arbeitsfläche erklären darf. Ich sage ja, überhaupt kein Problem. Pferde können lernen, dass sie in meiner Gegenwart arbeiten dürfen, sollen, müssen. Wenn ich mich entferne, wird die Weide wieder zum üblichen Territorium. Das Üben auf einer Weide bereitet mich auch darauf vor, eine Schaunummer auf einer Wiesenfläche ausführen zu können. Ich habe beispielsweise im Freizeitreiter-Testzentrum Reken auf einer Grasfläche mit Monodie und Ben Schaunummern präsentiert und mich und die Pferde durch entsprechende Übung auf einer Weide auf die Präsentation vorbereitet.

Sie können auch die Box oder den Stall als Trainingsraum nutzen, wenn Sie ein Pferd haben, das sich durch Krankheit oder Verletzung wenig bewegen darf und sich langweilt. Ich habe keine Bedenken, statische Zirkuslektionen auszuführen, die der gesundheitliche Zustand des Pferdes erlaubt.

Bodenverhältnisse Bei allen Lektionen, in denen das Pferd sich in die Tiefe begeben soll, ist es natürlich wichtig, dass die Bodenverhältnisse angenehm sind. Manche empfindlichen Pferde gehen auf einem Hackschnitzelplatz nicht gerne ins Kompliment, ins Knien oder Liegen. Beobachten Sie also, ob Ihr Pferd Unwohlsein signalisiert, und wechseln Sie eventuell den Platz. Ein zu lockerer Boden ist für das Sitzen ganz und gar ungünstig. Die Pferde finden nicht den nötigen Halt, rutschen mit den Vorderbeinen nach vorne und können weder in die Lektion hineinfinden noch begreifen, was Sie ihnen verständlich machen wollen. Für alle anderen Lektionen sind die üblichen Reithallenböden oder Grasuntergrund ausreichend.

› Die Ausrüstung

Equipment für das Pferd Das Pferd sollte gehalftert sein, im fortgeschrittenen Stadium kann es ebenso aufgetrenst sein, falls Sie die Kunststückchen mit dem Reiten verbinden.

Zum Führen empfehle ich die TT.E.A.M-Führkette oder das TT.E.A.M-Führseil, die Sie in das Halfter einschnallen. Diese haben normalerweise eine Länge von 1,80 m und eignen sich für Lektionen wie Führen, Statue oder Spanischer Schritt. Wenn die Führleine am Halfter fixiert wird, kann man damit auch das Kompliment, Plié, Liegen oder Sitzen trainieren. Ein entsprechend langer Zügel am Halfter verschnallt eignet sich als Führleine.

Darüber hinaus arbeite ich für die Vorbereitung des freien Trainings in größerer Distanz an der Longe. Die Longe wird an einem Kappzaum, in keinem Fall an der Trense fixiert.

Je nach Aufgabe, die eine entsprechend weite oder kurze Verbindung zum Pferd verlangt, nutze ich Führleinen oder fasse die Longe in unterschiedlicher Länge.

Anbindestricke mit Panikhaken verwende ich nicht, denn wenn ich sie sehr kurz fasse, könnte ich den Mechanismus ungewollt betätigen und den Verschluss öffnen. Ich verwende allenfalls Führstricke mit Karabinerhaken, die sich nicht ohne weiteres öffnen, denn es gibt Übungen wie das Balancieren oder das auf den Podest steigen, bei denen ich das Pferd direkt neben dem Halfter anfasse.

Ich benutze Gerten unterschiedlicher Länge von 1,20 m über kurze Longierpeitschen bis hin zu einer üblichen Longierpeitsche. Ebenso ist für manche Lektionen ein Handstock ohne Schlag nützlich. Dazu rate ich Ihnen, auch das Kapitel Führtraining in meinem ersten Buch zu lesen.

Für die Übungen Plié, Kompliment, A genoux und Liegen kann eine Fußlonge hilfreich sein. Eine Fußlonge ist ein breites, stabiles, weiches Band mit einer Länge von 3,80 m und einer Stärke von 4 mm, an dessen Ende sich eine kleine Schlinge von 8 cm befindet.

Ich benötige übliche elastische dünne Bandagen und bei sehr zappeligen Pferden Transportgamaschen für die Vorderbeine. Den Gebrauch beschreibe ich auf S. 119.

Equipment für den Trainer Der Mensch sollte festes Schuhwerk anhaben. Das hat sich vor allem dann bewährt, wenn ich Pferde zu Boden schicke. Ich selbst bevorzuge Sicherheitsschuhe, welche die Füße durch eine Stahlkappe schützen.

Ich halte es für wichtig, während des Trainings lange Hosen zu tragen, weil es im Training mit Pferden immer zu Körperkontakt und damit auch zu leichten Blessuren der Haut kommen kann.

Technische Ausrüstung, Belohnungsfutter und kleine Assistenten gestalten die Arbeit.

In den Vorführungen dagegen soll mein Kostüm zum Thema passen, manchmal trage ich auch einen kurzen Rock – aber das ist Showtime!

Ebenso sind Handschuhe, die verhindern, dass Sie sich durch einen eventuell durchrutschenden Strick oder Zügel die Hände verbrennen, zu empfehlen.

Wenn Ihr Pferd in den Lektionen Kompliment oder Knien zappelig wird, können Sie Ihre eigenen Schienbeine schützen, indem Sie Transportgamaschen überziehen. Wenn ein Pferd aus Angst hektisch wird, wende ich solche „Tricks" nicht an, sondern gehe in den Lernschritten zurück.

Benutzen Sie eine kleine Hüfttasche, in der Sie die Leckerlis unterbringen.

Kostüme ergeben sich aus dem Thema der Vorführung und obliegen Ihrer freien Phantasie.

Belohnungsfutter Die Wahl des Belohnungsfutters spielt eine sehr große Rolle. Möglicherweise hat Ihr Liebling bestimmte geschmackliche Vorzüge. Dem einen schmecken Möhren, der andere mag lieber Brot oder im Handel erhältliche Leckerlis.

Auch wenn Sie anfangs nur wenige Lektionen üben – Sie werden sehen, wenn Sie und Ihr Pferd Spaß daran gefunden haben, werden Sie bald eine Vielzahl an Lektionen aufbauen – sollten Sie bei der Wahl des Futters auf beste Qualität achten. Solange Sie we-

Je empfindlicher die Füße, umso besser werden sie geschützt. Sicherheitsschuhe sind ein sinnvoller Schutz.

nig Lektionen trainieren, brauchen Sie auch nur wenig Futter, und das soll sehr gut und schmackhaft sein.

Entweder füttere ich also Möhrenstücke, die einen hohen Vitamingehalt haben, oder Belohnungswürfel, die im Handel erhältlich sind. Dabei achte ich auf Marken, bei denen ich sicher sein kann, dass sie wertvolle Inhaltsstoffe enthalten. Im kontinuierlichen Training, wenn ich also sehr viel füttere, wird das aber eine teure Angelegenheit. Ich greife dann zu pelletiertem Futter von Herstellern mit guter Produktqualität. Andere Alternativen sind gebrochener Mais oder Heucops. Feuchtes Futter wie Äpfel, Möhren oder Birnen haben den Nachteil, dass davon Restbestände im Futterbeutel verbleiben können, die dann Tage später mehr oder weniger verrottet oder schimmelig sind. Ich versuche mir jedoch anzugewöhnen, sofort nach dem Training meinen Futterbeutel oder die Taschen meines Anoraks zu entleeren, damit das nicht passiert.

Die Hüfttasche, um die Belohnungswürfel zu verwahren, und eine Futterauswahl nach Belieben.

Wichtig ist die Größe der Futtergaben. Ich bevorzuge öfter kleinere Futtergaben zu geben, anstatt wenige große. Wenn die Belohnungswürfel zu groß sind, zerteile ich sie, damit ich während des Lernprozesses keine langen Fresspausen einlegen muss. Ich will die Übung schnell wiederholen, statt – ich übertreibe jetzt – minutenlang warten zu müssen, bis das Pferd zu Ende gekaut hat. Große Gaben, wie eine komplette Möhre, gebe ich nur gelegentlich und gezielt, wenn ich außerordentlich loben will. Es ist mir wichtig, dass das Pferd konzentriert im Lernprozess bleibt und nicht den gelernten Inhalt durch das ausgedehnte Fressen schon fast wieder vergisst. Große, lange Möhren benötige ich auch, wenn ich das Plié oder Kompliment einübe, wobei das Pferd den Kopf tief zwischen den Vorderbeinen und entlang des Bauches führen soll. Es kann dabei meine Hand nicht sehen und könnte mir beim Reichen von kleinen Leckerlis ungewollt in die Finger beißen.

Was spricht für Zirkuslektionen?

Gymnastizierung Kollegen, die ebenfalls Zirkuslektionen lehren, nennen als wichtigsten Grund meist die Gymnastizierung. Ich halte diesen Aspekt für überbewertet. Natürlich dienen dehnende und beweglichkeitssteigernde Zirkuslektionen der Gymnastizierung und Gesundheit, aber ich lasse ein Pferd das Kompliment maximal fünf Mal in einer Trainingseinheit ausführen. Wenn es mir tatsächlich gelingt, ein weiteres Mal am selben Tag mit dem Pferd zu trainieren, dann werde ich diese Zahl ebenfalls nicht überschreiten. Würden Sie nach zehn Kniebeugen sagen: „Das war mein großes Fitness-Programm?"

Wenn ich den Begriff Gymnastizierung ernst nehme, dann verbergen sich doch letztendlich Abläufe dahinter, die wesentlich komplexer und regelmäßiger ausgeführt werden müssen als Zirkuslektionen. In diesem Zusammenhang stehen z.B. die Seitengänge, die in einem kontinuierlichen Ablauf trainiert werden, bis das Pferd sie schließlich auch im Trab und Galopp beherrscht. Erst hier will ich wirklich von Gymnastizierung sprechen.

Seitengänge gymnastizieren das Pferd.

In der klassischen Dressur gibt es keine Übung zum Selbstzweck. Jede Lektion, wie Spanischer Schritt oder häufig versammelndes Rückwärtstreten, dient der Vorbereitung für die nächste und verbessern meine Arbeit bis zu ihrer Vollendung. Zirkuslektionen haben diesen Charakter nicht. Sie dienen dem Selbstzweck. Durch sie finden Lektionen wie Schulterherein, Travers, Renvers, Piaffe, Passage, Galopppirouette oder fliegende Galoppwechsel keine Verbesserung. Einzige Ausnahme ist der Spanische Schritt. Durch ihn verbessern sich Piaffe und Passage, man kann ihm deshalb eine gymnastizierende Wirkung zuschreiben.

Ein anderes Beispiel ist die so genannte Bergziege, bei der das Pferd im Stand die Hinterbeine den Vorderbeinen annähert. Obwohl Barros, der von Natur aus mit einer erbärmlichen Rückenlinie ausgestattet war, die Bergziege auch unter dem Reiter beherrschte, konnte diese dehnende Lektion seine Bewegungsmöglichkeiten nicht verbessern. Den Effekt einer statischen Lektion auf die Dynamik in der Bewegung zu übertragen, gelingt nicht. Dennoch gibt es viele gute Gründe für Zirkuslektionen. Der Spanische Schritt ist eine brauchbare Möglichkeit, zur Gymnastizierung des Pferdes bei-

Tabea in der Bergziege.

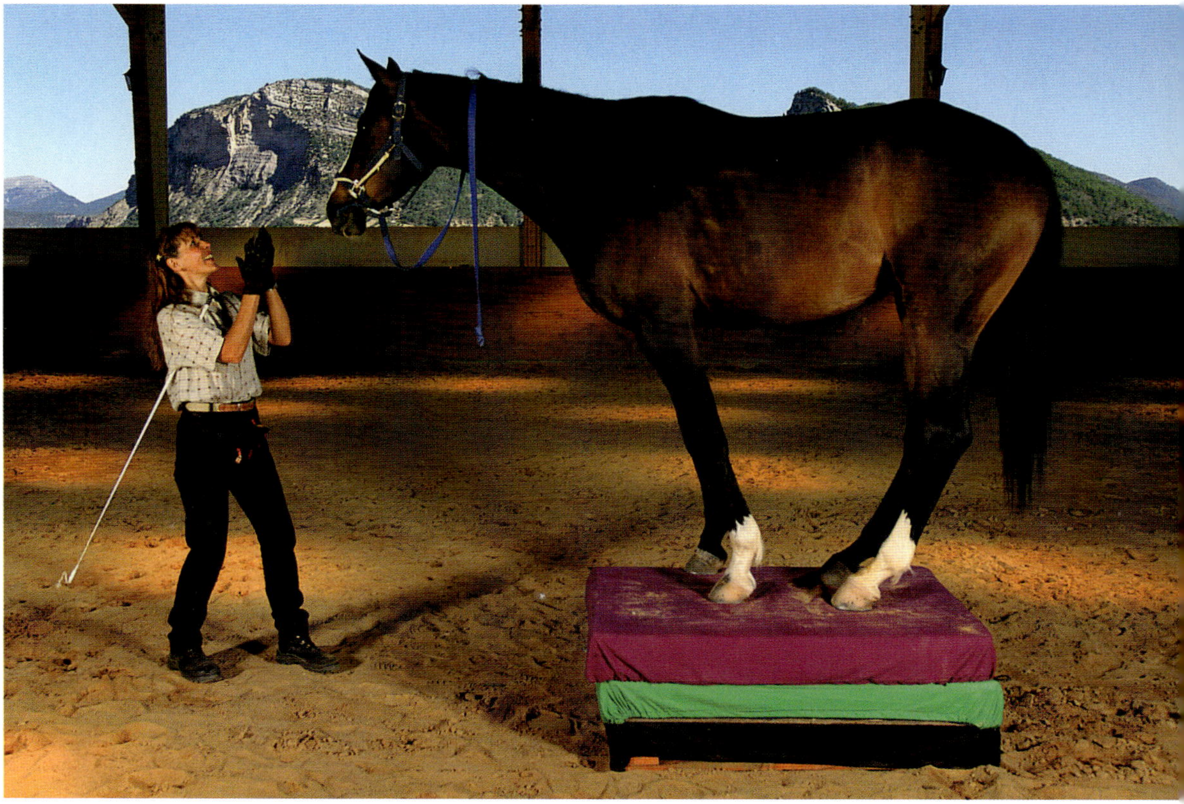

zutragen, wenn er kontinuierlich über einen längeren Zeitraum geübt wird. Trotzdem ist es erst die reiterliche Arbeit, die aus Anhalten und Rückwärtsrichten besteht, die die Versammlung für die Piaffe erzeugt oder die Entwicklung der Seitengänge, bis zum Renvers im Galopp, und die sich daraus entwickelnde Galoppversammlung, die für eine Pirouette benötigt wird, aus meiner Sicht wirkliche Gymnastizierung. Die kommt dem 45minütigen Aufenthalt in einem Fitnessstudio schon sehr nahe.

Was ist Ihr Anliegen? Es gibt viele gute Gründe, die für Zirkuslektionen sprechen. Zunächst ist da die Faszination, dem Pferd besondere Lektionen beizubringen. Darüber hinaus vermitteln sie Komik, Spaß und Freude. Und das sind doch letztendlich die Ansatzpunkte, weshalb Sie sich für diese Thematik interessieren, oder? Da wären aber auch noch andere Argumente:

Nicht immer ist die Beziehung zum Pferd so innig, dass man es mit ins Bett nimmt.

Die Beziehung zum Pferd vertiefen Es ist einsichtig, dass Sie nicht nur das Repertoire Ihres Pferdes in gemeinsamen Übungen und Lektionen erweitern, sondern es noch viel besser kennen lernen, als vom Sattel aus. Sie können dabei Ihr Pferd und seine Leistungen besser ein- und auch schätzen lernen. Beobachten Sie mal die Mimik Ihres Pferdes bei der Ausübung von Zirkuslektionen, die ihm Spaß machen. Pferdegesichter drücken sehr viel über das Wohlbefinden des Tieres aus.

Intelligenztraining für das Pferd Zirkuslektionen sind eine Art Gehirntraining. Die Tiere werden in domestizierter Haltung längst nicht mehr so gefordert wie in freier Wildbahn. Durch Zirkustraining werden Pferde durchaus intelligenter und klüger. Das setzt aber voraus, dass Sie mit der Zeit ein größeres Repertoire an Zirkuslektionen erarbeiten. Je mehr unterschiedliche Zirkuslektionen Sie üben, desto ausgeprägter ist dieser Effekt. Wenn Ihr Pferd nach kurzer Zeit begriffen hat, dass es für relativ wenig Leistung viel Lob und Futter erhält, dann wird sich auch sein Wille zur Mitarbeit enorm steigern. Es wird darauf brennen, jede neue Übung schnell zu verstehen und zu zeigen. Das trifft auch auf die Konzentration zu, die durch eine klare Didaktik und Konsequenz gesteigert wird. Der stetige und rasche Wechsel von einer Übung in die nächste trainiert sein Gehirn, zudem wird die Reaktionsgeschwindigkeit Ihres Pferdes erheblich gesteigert.

Anerkennung der Leistung Ein nicht zu unterschätzender Aspekt, an den zunächst vielleicht kaum einer denkt, ist die Anerkennung der Leistung. Wenn Sie sich trauen, sich und Ihr Pferd anderen zu präsentieren, dann werden Sie Komplimente und Bewunderung einheimsen. Ihr Partner, Ihre Familie, Ihre Freunde und Stallkollegen, schließlich auch der ganze Reitverein wird Ihnen Applaus zollen. Nutzen Sie also die Nikolausfeier, das Karnevalsreiten oder ein kleines Hausturnier als Bühne. Freuen Sie sich über die Bestätigung Ihrer Mitmenschen.

Herausforderungen annehmen Als letztes großes Argument ist die Herausforderung zu nennen. Zirkuslektionen beinhalten verschiedenste Anforderungen. Es ist reizvoll, sich ihnen zu stellen.

Darüber hinaus gibt es noch weitere gute Gründe: Da wäre zunächst der sichere und vertrauensvolle Umgang mit dem Pferd. Sie lernen verschiedene Kommunikationstechniken kennen und diese zu verfeinern. Sie werden erfahren, welches Verhalten Sie durch welche Signale auslösen können. Ihre Phantasie ist gefragt, denn

Sensible Trakehnerdamen lieben die Aufregung weniger. Umso schöner ist die Bewältigung spannender Aufgaben.

gerade bei Schaunummern kommt es darauf an, die Zuschauer zu erstaunen und zu überraschen. Sie werden auch herausgefordert, eine gute Analysefähigkeit zu entwickeln. Neben eigener Konsequenz ist ebenso eine gute Didaktik gefragt.

› Lernsituation und Verständigung

Für die Neuauflage eines bewährten Buches ist es immer dann Zeit, wenn der Autor sich selbst weiterentwickelt und seine Methoden verbessert hat. Letzteres trifft auch auf mich zu. Der Untertitel meines ersten Buches lautet – bewusst – befähigt – begeistert. Daraus habe ich mit der Zeit folgendes Schema entwickelt:

Phase 1 Wenn ich ein Signal setze, sorge ich dafür, dass
Phase 2 die Bewegung folgt, die ich dem Signal zuordne, so dass
Phase 3 das Pferd das Signal versteht und die Ausführung der Bewegung versucht.
Phase 4 Dabei fängt es an, die neue Aufgabe (Bewegung) zu beurteilen (das ist mir zu schwer, find ich doof, kann ich nicht – weil ich mich noch nicht zu koordinieren weiß, etc.).
Phase 5 Jetzt muss ich dafür sorgen, dass das Pferd sich nicht bedroht fühlt. Ich muss das Pferd ermutigen und anspornen.
Phase 6 Dann fängt das Pferd an, die Lektionen zu akzeptieren und deshalb wird diese auf erneute Abfrage abrufbar und wiederholbar.

Zusammenfassung

Phase 1
Signal geben

Phase 2
Bewegung herstellen

Phase 3
Pferd versteht

Phase 4
Pferd beurteilt positiv

Phase 5
Pferd akzeptiert

Phase 6
Lektion wird abrufbar

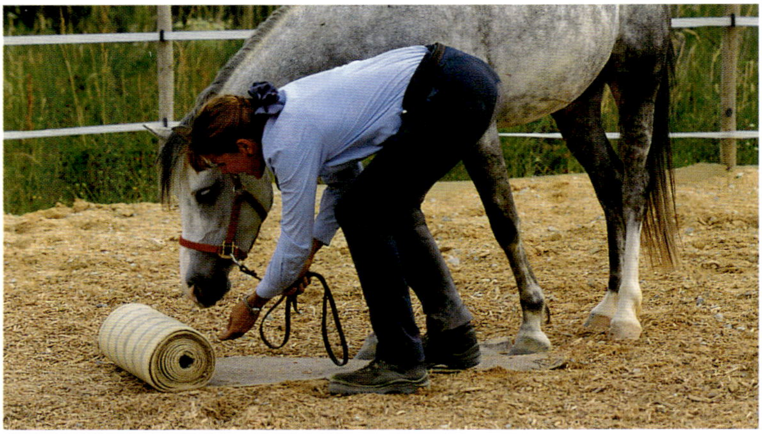

Die Trainerin überlegt gezielt, wie er die gewünschte Bewegung initiieren kann. Die Bewegung des Schubsens wird durch das Verstecken der Futtergabe ausgelöst.

So sehe ich den Erfolg einer Übung mittlerweile nicht mehr in der Befähigung eines Pferdes, diese prinzipiell auszuführen, sondern im Verstehen und Akzeptieren. Worin liegt der Unterschied? Liegt der Schwerpunkt des Erfolges im Verstehen und Akzeptieren, muss die Didaktik entsprechend ausgefeilt sein. Das Pferd soll sich bewusst entscheiden, dass eine Übung gut ist, keine Bedrohung darstellt und Spaß macht. Beschränkt man sich beim Erfolg einfach auf die körperliche Fähigkeit des Pferdes, eine Übung auszuführen, basiert der Erfolg auf der Häufigkeit der Wiederholung oder einer gründlichen Analyse, warum ein Pferd körperlich nicht in der Lage ist, eine Übung auszuführen.

Beispiel Bergziege Das Pferd muss die Vorder- und Hinterbeine unter den Körper ziehen und diese dicht zusammenstellen. Vor- und Hinterhand stehen praktisch auf der Fläche eines Blattes Papier (siehe auch S. 54 f. in „Bea Borelles Pferdetraining"). Häufig dauert es Wochen oder Monate bis ein Pferd diese Übung beherrscht. Wissen Sie, warum man so viel Zeit für die Erarbeitung dieser Lektion benötigt?

Mein Barros hat diese Übung in vierzehn Tagen erlernt, obwohl er eine schlechte Rückenlinie hatte. Gerade deshalb habe ich diese Übung jedoch mit ihm einstudiert. Eigentlich hätte man vermuten können, dass das Pferd hierfür viel mehr Zeit benötigt hätte, da er zuerst lernen musste, seine Rückenmuskulatur zu dehnen. Barros hätte also zunächst körperlich für diese Lektion fit gemacht werden müssen, indem ich entsprechende Dehnungsübungen vorangestellt und diese häufig wiederholt hätte. Das war aber nicht der Fall.

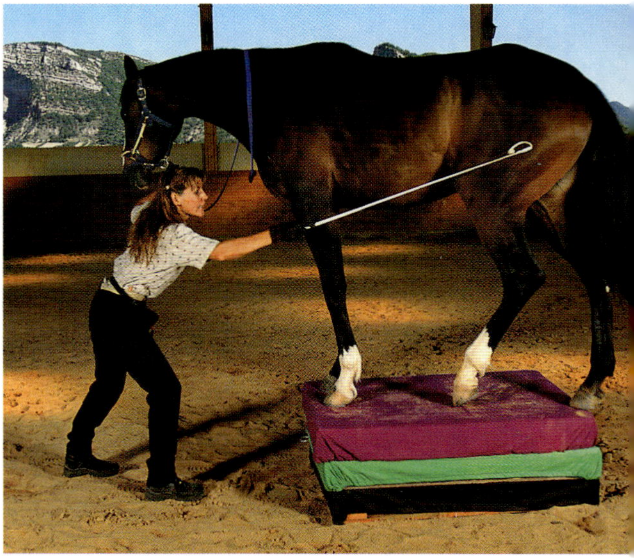

Verkleinert man das Podestformat, ergibt sich wie von alleine die Bergziege.

Von den dahinterliegenden Paletten klettert Tabea auf das kleinere Podestformat.

In dem Moment, in dem Barros verstanden hatte, dass er nur mit der Vorhand stehen bleiben und sich mit der Hinterhand annähern muss, um die Übung richtig auszuführen und ein Lob zu bekommen, hat er diese prompt korrekt ausgeführt, ohne lange befähigt werden zu müssen.

Das ist eine unglaublich wichtige Erkenntnis, denn es bedeutet, dass man einem Pferd eine Übung „schmackhaft" machen muss. Man muss die Lernschritte so anlegen, dass das Pferd sich weder überfordert noch bedroht fühlt und das Vertrauen in den Menschen behält. Man kann das Pferd bei aller Vorsicht vor der neuen Übung durch seine Stimme anspornen und ermutigen. Die einzelnen Lernschritte müssen so klein sein, dass sich das Pferd sagt: „Das ist ein bisschen schwer, aber leider besteht sie/er darauf. Sie/er velangt aber so wenig, dass ich das trotzdem hinbekomme."

Mir fallen an dieser Stelle noch einige Beispiele ein, um zu verdeutlichen, dass die geistige Akzeptanz wichtiger ist, als die körperliche Befähigung. Das würde allerdings den Rahmen des Buches sprengen. In der Praxis heißt das: Zirkuslektionen benötigen bestimmte Signale, denen bestimmte Handlungsabläufe zugeordnet werden müssen. Der Mensch hat die Aufgabe, einen Weg zu finden, wie er die gewünschte Bewegung, die das Pferd auf das Signal hin ausführen soll, auslösen kann, z.B. ein Weichen, ein Beinhe-

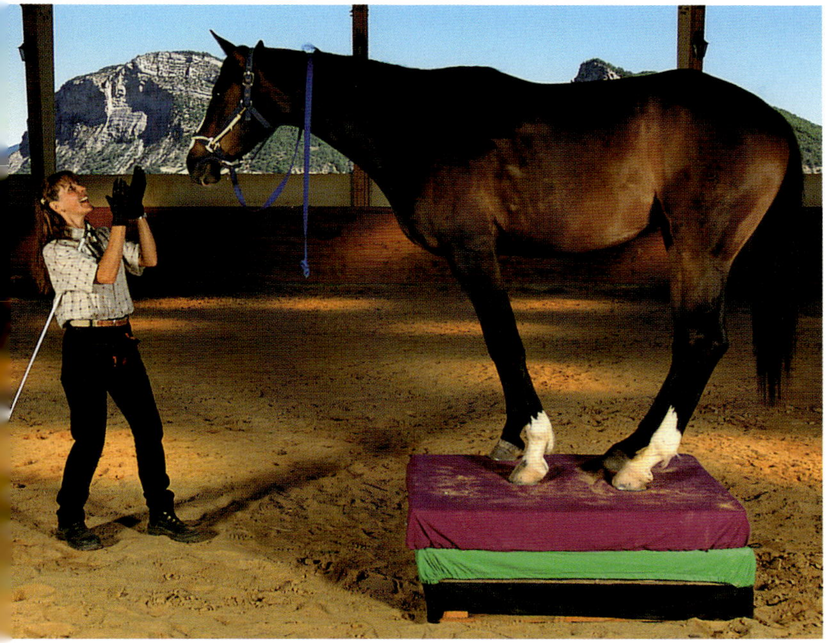

Was hat das mit dem Dressurreiten gemeinsam?
Oft verfahren wir doch folgendermaßen:

- *Wir überdenken die Situation nicht genügend, behaupten aber, im Recht zu sein.*
- *Wir sind uns nicht bewusst, dass der Fremdsprachler Pferd uns nicht verstanden hat.*
- *Wir kommunizieren diffus, behaupten abermals, im Recht zu sein.*
- *Wir analysieren zu wenig.*

Merken Sie, was das in der Schlussfolgerung für die Dressur – wie für die Zirkusarbeit bedeutet? Unsere Didaktik, das Erklären und die Kommunikation müssen so verständlich sein, dass Pferde Lektionen verstehen und akzeptieren.

ben, ein Rückwärtstreten, ein Aussteigen, etc. Das Pferd muss verstehen, was es tun soll. Wenn es sich richtig verhält, bekommt es dafür ein Lob – mit der Stimme und in Form von Futter. Es erkennt ein Signal, darauf folgt eine Bewegung und sehr schnell danach die Futtergabe. Das Pferd lernt: Ich bekomme etwas für meine Leistung. Es wird hochmotiviert mitarbeiten und die gewünschte Lektion akzeptieren. Statt für Lektionen befähigt werden zu müssen, müssen wir Pferde zu Lektionen motivieren, damit sie diese akzeptieren und die Lektionen abrufbar werden. Beginnt das Pferd zu antizipieren, beweist es, dass es verstanden hat.

In der Verhaltensbiologie nennt man das positive Verstärkung. Richtiges Verhalten wird sofort durch Belohnung bestätigt. Negative Verstärkung bedeutet, bei unerwünschtem Verhalten die Belohnung wegfallen zu lassen.

Je größer Ihr Zirkuslektionen Repertoire im Laufe der Zeit wird, desto schneller wird Ihr Pferd Neues lernen, weil es mit Ihnen positive Erfahrungen gemacht hat. Pferde durch Belohnung zu konditionieren, funktioniert sehr gut und leicht, denn als Herdentier ist das Pferd bestrebt, sich Artgenossen und anderen Lebewesen zuzuwenden, sich anzupassen und beliebt zu machen, damit es nicht aus der Herde ausgeschlossen wird, was seinen Tod bedeuten könnte.

Die Reiterin überlegt bei der Ausführung der Lektion: Hat Donara die richtige Abstellung, Linienführung, Kopf-, Halsposition und das richtige Tempo?

› Konsequenzen für das Dressurreiten

Die Tragfähigkeit dieser Erfahrungen und Überlegungen führte dazu, dass ich die Vorgehensweise im Zirkustraining auch auf ihre Übertragbarkeit auf das Reiten überprüft habe. Was für das Reiten gilt, hat aber auch Gültigkeit in jeder anderen Pferdesportdisziplin, also dem Fahren, Longieren, der Arbeit an der Hand und der Doppellonge. Von allen Disziplinen halte ich das Reiten für die anspruchsvollste, für das Pferd häufig aber die traurigste, frustrierendste und langweiligste Disziplin.

Wäre es nicht geradezu notwendig, das reiterliche Training ebenfalls mit sofortiger Belohnung zu gestalten? Das Pferd wird ja ebenfalls auf Signale – also meine Reiterhilfen – konditioniert. Wenn man eine reiterliche Lektion in kurze, übersichtliche und verständliche Schritte aufteilt und dem Pferd vermittelt, welchen Bewegungsablauf man sich nach einem bestimmten Signal wünscht, müsste man es prompt mit Futter belohnen.

Hieße das aber nicht: jedes Mal, nachdem mein Pferd eine Volte sehr gut gegangen ist, müsste ich anhalten, Futter geben und super sagen? Wahrscheinlich erscheint Ihnen diese Vorgehensweise beim Reiten grotesk, aber so müsste es doch streng genommen sein! Komisch, das erscheint Ihnen albern?

Aber während des Zirkustrainings machen Sie das doch ständig: Signal – Umsetzung – Lob.

Beim täglichen Reiten haben Sie ebenso die Möglichkeit, verbale oder taktile Lobe zu verteilen. In der Konsequenz heißt das, Sie bereichern die reiterliche Arbeit durch regelmäßiges Feedback per Stimme oder durch Streicheln. Unterbrechen Sie häufig genug, um nach einer besonderen Leistung ein Futterlob zu geben. Auch eine kurze Anhaltepause ohne Futter kann ein Lob für das Pferd sein.

Das Pferd erkennt dadurch, dass es nicht nur einfach eine zufällige Bahnfigur gelaufen ist, sondern dass es eine bestimmte Bahnfigur war und dass es seine Sache gut gemacht hat. Das Pferd wird dabei viel intensiver ins Training miteinbezogen. Es ist somit nicht mehr nur ein stupider Roboter, der seine Schlangenlinien, Wechsel durch die ganze Bahn, Zirkel und so weiter hintereinander ausführt. Ich möchte also erreichen, dass Sie Ihrem Training insgesamt einen wesentlich freudigeren, ermunternden und bestätigenden Charakter verleihen. Durch meine Erfahrungen mit den Zirkuslektionen bin ich absolut sicher, dass dies möglich ist. Im nächsten Schritt könnten Sie dann die reiterlichen Abläufe durch ein verbales oder ein taktiles Lob begleiten.

Ich selbst scheue mich überhaupt nicht, nach einer außerordentlichen Leistung, die dem Pferd lange Zeit schwer gefallen ist, abzusteigen und es überschwänglich zu loben, zu füttern, zu streicheln und mich zu freuen. Mit viel Überschwang signalisiere ich meinem Pferd die Freude über einen gelungenen Durchbruch. Danach steige ich wieder auf und arbeite weiter. Warum auch nicht? Aller Anfang kann schwer sein, und warum sollte man eine gute Leistung nicht mit einem außerordentlichen Lob herausstellen. Wie dem auch sei, finden Sie selbst Ihren eigenen Weg zwischen einer tristen Arbeit ohne Feedback für das Pferd und meiner überschwänglichen Art. Dazwischen liegen viele Nuancen.

Eines ist jedoch klar: Es ist wesentlich leichter, vom Boden aus begeisternd und ermutigend zu loben, weil der Mensch sich auf dem gleichen Level und im visuellen Blickfeld des Pferdes bewegt. Selbst ich verstumme immer wieder beim Reiten. Warum ist das so? Der Grund ist darin zu suchen, dass man sich selbst enorm auf die komplexen reiterlichen Anforderungen konzentrieren muss. Innerhalb dieser Konzentrationsarbeit fällt es einem schwer, mit dem Pferd in verbalem Kontakt zu bleiben. Man muss vielfältige Details seiner eigenen Reiterei und der Ausführung des Pferdes überprüfen. Das begründet wohl, warum auch viele andere Menschen auf dem Pferd verstummen und vergessen zu loben.

Sobald Sie das Pferd loben und mit ihm sprechen, verlieren Sie die Konzentration auf sich und Korrekturen bleiben aus. In dem Moment fühlen Sie selbst nicht mehr in sich hinein. Die meisten Menschen werden still, wenn sie sich auf Technik, die eigene Körperkontrolle und die Bewegung des Pferdes konzentrieren. Üben Sie weiter! Auch Sie werden Ihre Arbeit bald so sicher beherrschen, dass es Ihnen wieder leichter fällt, mit der Stimme Kontakt zum Pferd aufzunehmen. Falls Sie von vornherein schon verbale Kommunikation und die konzentrierte Arbeit mit dem Pferd realisieren können – Hut ab und weiter so!

Ganz abgesehen davon ist es oft vom Umfeld auch gar nicht erwünscht oder erlaubt, im stimmlichen Kontakt mit dem Pferd zu sein. Da kommen häufig die alten kavalleristischen Regeln zum Tragen: „Man quasselt in der Halle nicht wie ein Wasserfall", „das Pferd soll den Reiterhilfen folgen", „das Pferd wird abgelenkt", „Gerede stört die anderen Reiter" und, und, und.

Schritt-Schulterherein in Zeitlupe ist eine lösende Lektion.

Das Beispiel Volte Folgende Fehler können unter anderem bei der Ausführung einer Volte auftreten:

- Das Tempo ist zu hoch oder zu niedrig.
- Das Pferd liegt auf der inneren Schulter und fällt nach innen.
- Das Pferd liegt auf der äußeren Schulter und fällt nach außen.
- Das Pferd fällt mit der Hinterhand nach innen oder außen, das heißt nach der Ausbildungsskala, es ist nicht in der Lage, gerade gerichtet auf einer gebogenen Linie zu laufen.

1-3: Ob Biegen, Dehnen oder Tritteverlängern, jedes Detail wird separat gearbeitet.

› Das Pferd hat eine fehlerhafte Kopf-/Halshaltung, liegt zum Beispiel auf der Hand, geht über oder hinter dem Zügel.

Analysieren Sie das Problem und machen Sie dann Ihrem Pferd jedes Detail separat klar, so wie Sie die Details auch im Zirkustraining Schritt für Schritt klären werden.

Zu langsames Tempo Wenn das Pferd im Trab das falsche Tempo wählt, also zu langsam geht, dann nehmen Sie das Pferd aus der Volte heraus und wenden auf eine gerade Linie ab. Durch die Gerade wird das Pferd grundsätzlich beschleunigt. Geben Sie die Zügel hin und entwickeln Sie über entsprechenden Stimm-, Schenkel- und Gerteneinsatz zunächst einmal das von Ihnen gewünschte Tempo. Wenn das Pferd das höhere Tempo hält, wenden Sie erneut auf eine Volte ab, ohne die Zügel zu verkürzen, und fordern auch hier, falls nötig, mit Stimme, Schenkeln und Gerte das gewünschte Tempo. Sobald Ihr Pferd das Tempo in der Volte hält, gehen Sie erneut ganze Bahn. Jetzt nehmen Sie die Zügel auf. Falls Ihr Pferd dies als ein temporeduzierendes Zeichen interpretiert, lösen Sie den Zügelkontakt und treiben so, dass zunächst wieder das gewünschte Tempo entsteht. Bevor Sie die Zügel aufnehmen, treiben Sie mit der Gerte nochmals energisch. Danach nehmen Sie sofort den Zügel auf. Wiederholen Sie diesen Vorgang, bis das Pferd begriffen hat, dass das Aufnehmen der Zügel und der

direkte Kontakt zum Pferdemaul nicht gleichbedeutend ist mit „reduziere das Tempo“. Wenn das Pferd es gut gemacht hat: Loben, loben, loben! Sie reiten noch immer ganze Bahn und Ihr Pferd hält sein Tempo. Sie nehmen unabhängig davon noch einmal die Zügel auf und lassen diese wieder lang – ganz egal, was Sie mit dem Zügelmaß veranstalten, das Pferd hält weiterhin das gewünschte Tempo. Ihre Beine sind ganz ruhig. Wird Ihr Pferd wieder langsamer, wird es mit der Gerte kurz und nachdrücklich an das gewünschte schnellere Tempo erinnert. Sie treiben das Pferd mit Nachdruck mit der Gerte und loben sofort, wenn es mit Tempozulegen reagiert.

Funktioniert die Übung auf der geraden Linie, reiten Sie Zirkellinien und fordern auch jetzt das vorherige Tempo. Am Ende steht die Volte, die nun nicht mehr mit einer Temporeduzierung verbunden sein wird. Loben Sie auch bei jedem gelungenen Zwischenschritt!

Zu eiliges Tempo Ein anderer Verlauf ergibt sich bei einem Pferd, das in der Volte zu eilig wird. Sie bleiben in der Volte, denn wiederholte enge Wendungen reduzieren das Tempo. Falls das Pferd trotzdem nicht losgelassener trabt, greifen Sie Schritt für Schritt auf die dehnenden und den Kopf senkenden Übungen zurück, um das Pferd zu entspannen, bis es dies auch auf der Volte kann.

Die Reiterin muss analysieren, ob diese Kopf-/Halsposition zweckmäßig und der Kontakt zur Hand leicht genug ist.

Das Pferd fällt mit der Schulter nach außen Wenn das Pferd in der Volte zu sehr nach außen fällt, liegt das an der natürlichen Schiefe des Pferdes. Jedes junge und untrainierte Pferd ist von Natur aus nicht vollkommen gerade, sondern auf der rechten oder linken Körperseite hohl. Wenn es beispielsweise links hohl ist, verlagert das Pferd sein Gewicht automatisch auf die rechte Schulter. Das Resultat ist, dass es auf der linken Hand die Volte vergrößert. Dieser Tendenz müssen Sie durch entsprechende Übungen entgegenwirken.

Reiten Sie also auf der linken Hand einen Zirkel und verkleinern Sie ihn bis auf Voltengröße. Stellen Sie Ihr Pferd dabei nach außen, das heißt, der Pferdekopf wird durch leichtes Verkürzen des rechten Zügels und das gleichzeitige Verlängern des linken Zügels nach rechts gestellt, während es mit der Schulter nach links gehen soll. Diese Bewegung unterstützen Sie durch eine Gewichtsverlagerung Ihres Sitzes nach links und mit einer treibenden Schenkelhilfe am Gurt auf der rechten Seite oder der Gertenhilfe auf der rechten Schulter. Vielleicht müssen Sie Ihrem Pferd erst noch erklären, was das Touchieren auf der Schulter bedeutet (siehe „Bea Borelles Pferdetraining“, S. 86) und es zunächst vom Boden aus arbeiten. Wenn Sie also das Pferd in Außenstellung auf der linken Hand nach links in die Volte weichen lassen können, wiederholen Sie diese Übung mehrmals. Nach jedem Teilschritt das Loben nicht vergessen! Nach vielen Wiederholungen können Sie das Pferd dann auch in Innenstellung auf die Volte führen, ohne dass es nach außen wegdriftet.

Das Pferd fällt mit der Schulter nach innen Auch diese Tendenz liegt an der Schiefe des Pferdes. Bleiben wir beim links hohlen Pferd, dies wird auf der Volte auf der rechten Hand nach innen streben, weil seine Balance auf der rechten Schulter liegt und es der Schwerkraft nach rechts, also innen, folgt. Auf dieser Hand muss das Pferd also lernen, die Volte zu vergrößern.

Sie stellen das Pferd mit dem Kopf nach rechts, also nach innen, verlagern Ihr Gewicht nach links und treiben mit dem rechten Schenkel nach links. Sie führen beide Hände nach links. Das manipuliert die Schulter und Ihr Pferd driftet nach links auf eine Volte mit größerem Durchmesser. Vielleicht muss das Pferd auch hier wie zuvor lernen, der an der inneren rechten Schulter touchierenden Gerte zu weichen. Üben Sie das am Boden.

Vorhandwendung, Schulterherein, Viereck vergrößern – immer auf das Signal der touchierenden Gerte. Loben Sie jeden kleinen Erfolg. Das Pferd weicht, drei Tritte, anhalten, loben, weiter. Dann üben Sie die Lektionen aus dem Sattel. Die Volte sollte so bis auf

Zirkelgröße vergrößert werden. Üben Sie auch das so oft wie möglich, bis Sie das Pferd in Innenstellung auf eine gleichmäßig große Volte lenken können. Bleiben wir bei diesem Problem auf derselben Hand: Ein noch einfacherer Weg für das Pferd ist es, das Viereck nach links zu vergrößern. Führen Sie das mehrmals aus, so dass Ihr Pferd auf der rechten Hand stark nach rechts gebogen ist. Sie merken, dass es „weich" wird, so dass Sie bald auch die Volte zum Zirkel vergrößern können. Immer wenn Sie auf der rechten Hand arbeiten, reiten Sie eine großzügigere Linienführung. Teilen Sie sich die Übung in viele kleine Schritte auf – wie Zirkuslektionen – und loben Sie ausgiebig. Ihr Pferd wird dankbar sein, wenn Sie sich klar ausdrücken und es mit Fortschritten belohnen.

Das Pferd ist nicht gerade gerichtet auf der gebogenen Linie und fällt mit der Kruppe herein oder heraus. Wenn Ihr Pferd Schulterherein und Travers kennt und kann, dann können Sie es damit korrigieren.

Das Pferd liegt auf der Hand Parieren Sie durch und holen Sie sich den Kopf hoch, dadurch liegt das Pferd weniger auf der Schulter und damit weniger auf der Hand. Ergänzen Sie das Training durch Rückwärtsrichten. Wenn das Pferd ruhig steht, mobilisieren Sie die Kautätigkeit durch Flexionieren und lassen es im Genick locker nachgeben. Wenn das Pferd wieder anfängt, auf die Hand zu drücken, wiederholen Sie diese Übung. Viele Pferde drücken auf der Suche nach dem Gleichgewicht auf die Hand. Die rückwärtsrichtende Arbeit hilft ihnen, dieses zu finden (siehe auch „Bea Borelles Pferdetraining", S. 169 f. u. 173 f.)

Das Pferd geht über dem Zügel Dieses Problem wird mittels Mobilisierung des Unterkiefers und durch Flexionieren behoben. Es ist so häufig die reiterliche Unkenntnis, die dazu führt, dass solche Details nicht erkannt und abgestellt werden. Dieser Mangel, sich dem Pferd verständlich mitzuteilen, führt zu Missverständnissen, die eigentlich leicht behoben werden könnten.

Die Beispiele sollen Ihnen zeigen, dass Sie jede Lektion analysieren und in Einzelschritte aufteilen müssen. Fehler werden in einzelnen Schritten eliminiert, kleinste Fortschritte mit Lob hervorgehoben und dem Pferd bewusst gemacht. Ich selbst halte mich bei der Verbesserung der Dressurarbeit an die mannigfaltigen und effizienten Empfehlungen meines Mannes, Philippe Karl, dessen Buch „Reitkunst" wertvolle Einblicke gibt und eine unverzichtbare Lektüre für Dressurreiter ist.

Ein Pferd, das hinter die Senkrechte tendiert, wird im Genick geöffnet. Beide Hände werden aufgehoben.

Der Zügelanzug bewirkt das Nachgeben im Unterkiefer.

Das Flexionieren wird zum Zeichen für die Dehnung.

Zirkustraining mit System

› Trainingsstrategien und Feedback

Weil in meinem Training Erkenntnisse aus verschiedenen Bereichen ineinander fließen, werden Sie in diesem Buch immer wieder Querverweise zu meinem Pferdetrainingsbuch finden, in dem ich mich zur Grundausbildung von Pferden schon ausführlich geäußert habe.

› Atmosphäre

Als erstes wichtiges Element möchte ich die Gestaltung der Atmosphäre nennen, die durchweg positiv sein sollte, also bestätigend und ermutigend. Ihre Aufgabe ist es, die Stimmung positiv zu gestalten, mit Spaß und Zuversicht an die Arbeit zu gehen und Ihr Pferd durch eine ermunternde Ausstrahlung zur Mitarbeit aufzufordern. Pferde reagieren sensibel auf Stimmungen. Gehen Sie mit Zuversicht an jede neue Aufgabe, planen Sie den Ablauf Ihres Trainings und beenden Sie es, wenn das Pferd seine Sache gut gemacht hat.

Besonders gute Leistung wird mit freudigem Applaus belohnt.

› Verbales Lob

Das verbale Lob ist ein sofortiges stimmliches Feedback auf eine Reaktion des Pferdes. Sie nutzen es, wenn Ihre beiden Hände für die Lektion im Einsatz sind und Sie somit weder streicheln noch Futter reichen können. Mit dem verbalen Lob oder der verbalen Äußerung in Richtung Ermutigung oder Bestätigung können Sie auch Versuche und Bemühungen, die in die richtige Richtung gehen, begleiten. „Brav" – „ja, das machst du richtig so" – „fein so, ja". Ihre Stimmlage ist dabei immer freundlich. Wenn Sie besonders intensiv loben möchten, bekunden Sie das mit einer noch freudigeren, begeisterten und etwas höheren Stimmlage.

Jedes Lob und damit auch das verbale Lob soll innerhalb von sieben Sekunden nach der gewünschten Reaktion des Pferdes gegeben werden, damit das Pferd den Bezug herstellen kann. Dieser enge Zeitrahmen ist durch lernwissenschaftliche Versuche nachgewiesen worden.

Pferde erkennen die freundliche Mimik und Ansprache.

› Handlob

Ebenfalls sehr schnell loben Sie am besten mit der Hand, wenn das Pferd etwas richtig gemacht hat. Das Handlob ist ein sanftes bis kräftiges Streicheln an Hals oder Kopf. Es gibt nur wenige Pferde, die ein kräftiges Klopfen an Hals, Brust oder Kruppe favorisieren, dafür umso mehr Menschen, die sich diese Art des Lobes angewöhnt haben. Manche Pferde mögen Berührungen am Kopf gar nicht, dann sollte das Handlob dort auch nicht ausgeführt werden, bis das Pferd durch sanfte Berührungen am Körper Vertrauen

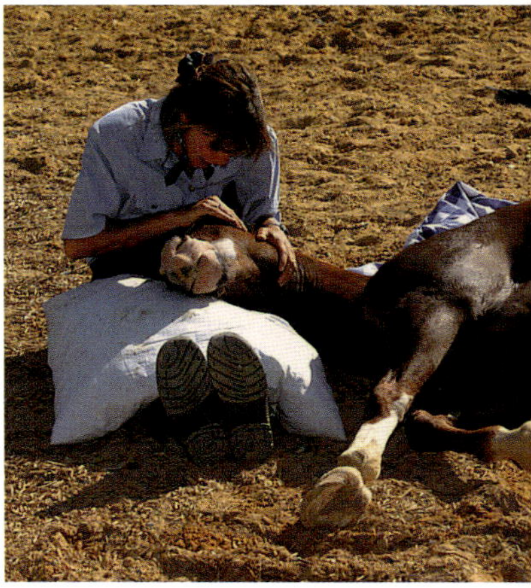

Ein so hingebungsvolles Handlob gibt es nicht jederzeit.

gewonnen hat. Die Tellington-TTouches eignen sich für den Vertrauensaufbau sehr gut. Das Handlob ist eine Steigerung des Stimmlobes und sollte gegeben werden, wenn eine Übung gut abgeschlossen ist und eine kleine Pause entsteht.

› Futterlob

Das Futterlob muss ebenfalls unmittelbar und schnell gereicht werden. Das Futter sollten Sie deshalb schon in der Hand halten, wenn Sie in entsprechenden Trainingsphasen sind. Ein um die Hüfte geschnallter Futterbeutel oder ein Bauchtäschchen ist praktisch und vermeidet langes Suchen in Hosen- oder Jackentaschen. Zur Art des Futters habe ich mich auf S. 19 schon geäußert. Ganz wichtig ist in diesem Zusammenhang die Fütterungsdisziplin, denn viele Menschen haben Vorbehalte gegenüber Futter zum Loben, weil sie befürchten, dass ihr Pferd gierig wird und zu betteln beginnt.

Nach dem gehorsamen Anhalten bekommt Tabea prompt ein Futterlob.

› Fütterungsdisziplin

Es ist unumgänglich, die Motivation des Pferdes durch Futter zu steigern. Bitte lesen Sie dazu auch das Kapitel in meinem Trainingsbuch auf S.33 f. durch. Für das Zirkustraining ist die Fütterungsdisziplin ein unglaublich wichtiges Thema. Die Pferde dürfen beim Füttern weder in Unruhe geraten noch die Konzentration verlieren oder Unarten entwickeln, weil es das Training ruiniert und Sie selbst verunsichert und frustriert oder verärgert.

Wichtigste Regel: Zeitpunkt und Ort der Futtergabe werden immer von Ihnen bestimmt. Stellen Sie sich in einer Distanz von 1,5 m neben das Pferd und weisen Sie den Kopf mit Hilfe der Gerte von sich weg. Rascheln Sie mit der Futtertasche, öffnen Sie diese und provozieren Sie das Pferd, sich Ihnen zuzuwenden. Machen Sie ihm sofort durch ein Wegweisen mit der Gerte klar, dass das unerwünscht ist. Das Öffnen und Rascheln der Futtertasche darf kein Signal für das Pferd sein, sich Ihnen zuzuwenden und nach Futter zu betteln.

Sollte das Pferd anfangen zu scharren, nähern Sie sich ihm und streichen die Pferdebeine mit der Gerte ab, um es zu beruhigen. Wenn das nicht ausreicht, sollten Sie es durchaus ermahnen und mit strengerer Stimme „Hooh, Halt", „Nein" fordern. Eventuell hilft auch ein Touchieren der Brust mit der Gerte. Unterstützen Sie die Ruhe danach durch Abstreichen und durch ruhiges Sprechen mit dem Pferd. Hört das Pferd auf zu scharren loben Sie es. Entfernen Sie sich wieder vom Pferd, heben Sie die Gerte an und bringen Sie sie in einem Abstand von 10 cm zum Pferdekopf wippend zwischen sich und das Pferd.

Schließlich wollen Sie dem Pferd eine Futterbelohnung reichen. Sie befinden sich dazu auf der linken Seite des Pferdes. Die Führleine halten Sie in der linken Hand, die Gerte in der rechten Hand. Sie senken die Gerte ab, treten nahe ans Pferd heran. Das Pferd darf umgekehrt nie auf Sie zukommen! Sie reichen dem Pferd mit tief gehaltener Hand rechts neben seinem Kopf ein Leckerli, so dass es von Ihnen weg fressen muss. Sie reichen mit Ihrer rechten Hand unter dem Hals durch, so dass Ihre Hand rechts neben dem Pferdemaul ist. Dabei bleiben Sie auf der linken Seite des Pferdes. Das Pferd nimmt die Futtergabe und Sie treten wieder weg vom Pferd in die Arbeitsdistanz. Das Pferd wird daraufhin den Kopf zu Ihnen wenden und sogar zu Ihnen gehen. Das wird untersagt. Durch Heben Ihrer linken Hand und leichtes bis starkes Wedeln mit der Gerte wird das Pferd darauf hingewiesen, Ihnen weder mit dem Kopf noch mit dem gesamten Körper zu folgen. Üben Sie diese Fütterungsdisziplin durch häufige Wiederholungen ein. Lernen Sie selbst dabei, konsequent zu handeln.

Die Gerte zwischen Mensch und Pferd hält Abstand.

Kramen in der Futtertasche soll ein Annähern des Pferdes provozieren.

Danach wird es wieder in die gewünschte Distanz zurückgewiesen.

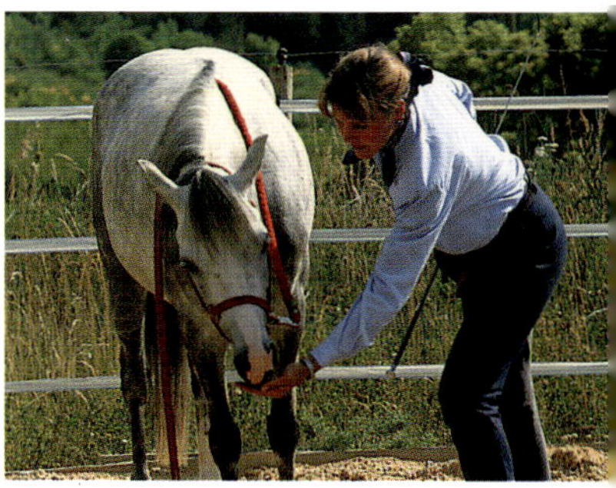

Zeitpunkt und Ort der Futtergabe wird vom Mensch bestimmt.

Das Pferd muss lernen: „In der Nähe meiner Trainerin gibt es kein Futter und ich darf sie auch nicht danach fragen. Statt dessen werde ich durch „Hooh, Halt“ angewiesen, still zu stehen“. Mit dieser Fütterungsdisziplin kommt jeder zurecht – auch die Besitzer von Haflingern. Es gibt immer mal Pferde, die in Bezug auf Futter sehr unsensibel reagieren. Diesen muss man, der eigenen Sicherheit wegen, ein paar Mal sehr streng sagen, was sein darf und was nicht.

Auch in größerem Abstand zum Pferd ermahnt die Gerte zur Distanz .

› Pause

Ein weiteres erzieherisches Element kann die Pause sein. In einer Unterbrechung kann das Pferd über die vollzogene Handlung nachdenken. Die kurze Ruhe registriert das Pferd als positive Rückmeldung. In einer Pause sollten Sie das Pferd einfach in Ruhe stehen lassen, einen genügend großen Abstand halten und nicht mit ihm kommunizieren.

Häufig machen Bea und Ben zwischen Lektionen Pausen. Die Eine überlegt, der Andere ruht aus.

› Ignoranz

Wenn Ihr Pferd etwas tut, was Sie in der Situation stört bzw. der Aufgabe nicht dienlich ist, dann sollen Sie diese Aktion zunächst einfach ignorieren und weiterhin das Signal geben, welches das Pferd darauf hinweist, was es tun soll. Ignoranz ist negative Verstärkung, das Pferd lernt, dass auf seine Aktion nicht eingegangen wird und es dafür auch kein Lob erhält, für eine andere Reaktion dagegen sehr wohl.

› Strafe

Eine Strafe ist nur dann angebracht, wenn ein Pferd sich willentlich und ganz bewusst widersetzt, nachdem Sie ihm zuvor mehrfach erklärt haben, was Sie möchten. Sie müssen sich außerdem sicher sein, dass Ihre Erklärungen sehr wohl verstanden wurden. Wenn Ihr Pferd also auf das Kommando „Hooh, Halt", das es schon lange kennt, auch nach mehreren Wiederholungen immer noch nicht steht oder Sie womöglich völlig ignoriert und an Ihnen vorbeiläuft, dann haben Sie das Recht, dem Pferd energisch in den Weg zu treten und es mit der deutlich an der Brust eingesetzten Gerte zu stoppen oder wenn nötig auch durch eine Gertenberührung zu strafen.

Dabei spielt die zeitliche Präzision genau wie beim Loben eine erhebliche Rolle. Es gilt, genau auf den Punkt zu reagieren, sowohl bei der Korrektur als auch beim positiven oder negativen Feedback. Das ist etwas, was Sie durch einen ganz kritischen Blick auf sich selbst lernen können und Sie grundsätzlich enorm schult. Vergessen Sie nie nach dann erfolgtem Gehorsam zu loben und zwar im genauen Gegenmaß zur Strafe. Nach einer harten Strafe folgt bei Gehorsam überschwängliches Lob. Nach einer kleinen Disziplinierung folgt ein freundliches Lob.

"Nein, Bea, eine Strafe habe ich nicht verdient. Danach mache ich sowieso alles viel schlechter, weil ich dadurch verspannt, traurig und ängstlich bin."

› Trainingsdauer und -intensität

In meinem Buch „Bea Borelles Pferdetraining“ äußerte ich mich schon allgemein zu dem Thema Trainingsdauer und -intensität. Zirkuslektionen kann man als eigenständige Arbeitseinheit nehmen. Sie lassen sich aber auch sehr gut mit jeder anderen Arbeit verbinden. Viele beginnen zum Beispiel das Reiten mit dem Spanischen Schritt und beenden es mit Kompliment und Liegen oder Sitzen. Will man gute und gleichmäßige Fortschritte machen, sollte man vier- bis fünfmal in der Woche üben. Ihr Repertoire wird ja immer größer. Sie brauchen viel Zeit für das Training, aber es kommt auch zunehmend Abwechslung hinein. Ich habe mit Ben schon Probleme, das gesamte Wissen wach zu halten, so dass es sich für mich geradezu anbietet, zweimal am Tag zu trainieren. Das schaffe ich genauso wenig wie Sie. Aber in kleineren Schritten geht es nach und nach voran.

In der Regel gilt, dass jede Lektion nicht übermäßig oft wiederholt werden sollte. Das ist etwas ganz Entscheidendes, das Sie durch die Zirkuslektionen lernen. Zu häufige Wiederholungen können sich ins Gegenteil verkehren. Sie können erleben, dass sich die Leistungen kontinuierlich verschlechtern. Beim Training mit Pferden ist es meist nützlich, die Anzahl der Versuche zu begrenzen. Sie bleiben damit erstens effektiv und zweitens wird Ihr Pferd nicht durch Ihre Hartnäckigkeit frustriert oder gelangweilt.

Wenn Sie die Anzahl der Versuche von vornherein begrenzen, dann sollten Sie sich vorher genau überlegen, in welchen Schritten Sie vorgehen müssen, um erfolgreich zu sein. Natürlich macht es Sinn, in einem guten Moment aufzuhören, das sollten Sie im Kopf behalten. Da Sie auch kleinste Schritte belohnen, sollte das Training immer in einer positiven Stimmung enden.

Die Anzahl der Versuche sollten Sie Ihrem Pferd anpassen. Sie müssen beobachten, ob Wiederholungen Ihr Pferd verbessern oder ab wann eine Verschlechterung eintritt. Eine Erklärung, warum ich selbst nur eine geringe Zahl an Wiederholungen benötige – selbst bei Pferden wie Tabea und Anouk, die vor noch nicht so langer Zeit eine Beziehung zu mir eingegangen sind –, sehe ich in der positiven Arbeitsatmosphäre. Meine Pferde arbeiten mit sichtbarer Freude mit mir zusammen.

Im Laufe der Zeit wird Ihnen Ihr Pferd mitteilen, welche Toleranz es für die Anzahl der verschiedenen Lektionen hat. Sie werden im Laufe des Trainings das richtige Maß finden.

› Kommandos

Sie sollten sich eine Liste erstellen und für bestimmte Übungen immer nur die gleichen Kommandos verwenden. Diese setzen sich aus Ihrer Stimme, Ihrer Körperhaltung und Dynamik sowie dem taktilen Signal durch die Gerte zusammen. Vor allem die Stimmkommandos müssen sehr präzise eingesetzt werden.

Pferde betreiben in der Herde selbst fast ausschließlich nonverbale Kommunikation. So erklärt es sich, dass bei Ihrer Arbeit die Stimme gegenüber optischen Kommandos eine untergeordnete Rolle spielt. Pferde beziehen ihre ersten Informationen aus der Berührung. Die Berührung muss abhängig von der Sensibilität des Pferdes dosiert werden und anfangs, wenn notwendig, auch so nachdrücklich sein, dass das Pferd sie wirklich spürt und beeindruckt ist. Danach orientiert sich das Pferd an Ihrer Körperhaltung und Bewegung. Tage oder Wochen, nachdem eine Übung durch Kommandos aus Körperhaltung und Gertenberührung schon funktioniert, hat sich dann erst die Verknüpfung mit einem verbalen Kommando gefestigt. Schon deshalb ist es wichtig, immer das gleiche Stimmkommando zu benutzen, um das Pferd, dass sich vor allem am Klangspiel, der Intonation des Kommandos, orientiert, nicht zu verwirren. Es ist hilfreich, sich zuerst über die verwendeten Kommandos klar zu werden, die einem selbst auch logisch und im Zusammenhang mit der Übung leicht von den Lippen kommen sollten. Am Anfang werden Sie im Training feststellen, wie anstrengend es mit unserem großen Wortschatz ist, konsequent ausgewählte Kommandos einzusetzen und das Pferd nicht mit einer Vielzahl von Begriffen für ein- und dieselbe Handlungsanweisung zuzutexten. Mit der Zeit werden aber auch Sie sich kontinuierlich verbessern.

„Allez-Hopp" lautet das Kommando fürs Steigen. Körpersprache und Gerte unterstützen die Verständigung mit dem Pferd.

Ich verwende für die wichtigsten Übungen folgende Kommandos:

Kommando	Das soll es bewirken
Allez Schritt	*Antreten zum Schritt*
Allez Trab	*antraben*
Allez Galopp	*angaloppieren*
Hooh, Halt	*anhalten und stehen bleiben*
Hooh, Sche-ritt	*Tempo reduzieren zum Schritt*
Hooh, Te-rab	*Tempo reduzieren zum Trab*
Hooh, im Schritt	*langsamer im Schritt*
Hooh, im Trab	*langsamer im Trab*
Hooh, im Galopp	*langsamer im Galopp*
Kom-pliment	*einseitig knien*
Plié	*Absenken der Brust*
A genoux	*knien*
Allez hier	*zu mir kommen*
Und changer	*Handwechsel*
Volté	*sich im Kreis drehen*
Zu-rück	*rückwärts treten*
Nein	*die unerwünschte Bewegung verneinen und danach die gewünschte Lektion durch ihr Kommando angeben*

Die unterstrichenen Silben werden betont gedehnt gesprochen.

› Nein sagen

In meinem Training sage ich dem Pferd grundsätzlich, was es tun soll. Das Wort Nein verwende ich sehr selten, denn es schafft keine Klarheit. Das Pferd wird zwar in der Durchführung einer Bewegung gebremst, aber es tappt weiterhin im Dunkeln, was es stattdessen tun soll. Sagen Sie lieber in ermahnender Form, was es tun soll. Beispiel: Das Pferd soll Hufe geben, senkt sich aber zum Kompliment ab. Sie sagen strenger intoniert „Huf“ anstatt „Nein“ zu sagen und wiederholen dieses Kommando.

› Unterscheiden

Wenn Sie von einer Lektion zur nächsten wechseln, dann überlegen Sie bitte regelmäßig, ob sich die Signale genügend voneinander unterscheiden und ob die Situation für das Pferd klar genug ist. Manche Situationen unterscheiden sich nur wenig und doch muss das Pferd sie erkennen können. Versetzen Sie sich in seine Lage, die Lage eines Fremdsprachlers, der eine völlig andere Bedürftigkeit hat und gänzlich anders kommuniziert.

› Abrufbarkeit – Abschaltbarkeit

Unter Abrufbarkeit verstehe ich die Tatsache, dass eine bestimmte Lektion durch ein Signal eingeleitet und durch ein anderes Signal oder ein Lob wieder beendet wird. Das Pferd muss eine Lektion nur dann und so oft ausführen, wie ich es ihm anweise.

Ich erläutere das einmal am Beispiel Spanischer Schritt. Wenn mein Pferd die Aufgabe kennt und durch das Training gelernt hat, dass es für das Strecken des Vorderbeins enorm viel Lob und Futter bekommt, dann kann es vor allem bei sehr engagierten Pferden passieren, dass sie willkürlich und ungefragt anfangen, ihr Bein zu strecken. Dieses Verhalten werde ich allenfalls in den ersten ein oder zwei Trainingseinheiten akzeptieren, um es nicht zu demotivieren. Danach werde ich aber beginnen, auf den Spanischen Schritt nur dann zu reagieren, wenn er auf mein Kommando erfolgt, andernfalls ignoriere ich das Bemühen des Pferdes oder bestrafe es. Am Lernbeginn zu einer neuen Lektion erlaube ich eine kurze Phase, in der das Pferd die neue Übung ohne entsprechendes Kommando ungestraft zeigen darf. Diese Phase kann nur die erste Trainingseinheit sein oder, wenn dem Pferd die Übung anfangs außerordentlich schwer gefallen ist und viel Überwindung gekostet hat, auch mal Tage später noch. Wenn das Pferd aber signalisiert, ich habe die Übung verstanden und mache sie nun gerne, dann ist der Punkt erreicht, an dem es nur noch auf Kommando mit der Übung beginnen darf. Es ist wichtig, mit dem Pferd vorher das Stoppsignal „Hooh-Halt“ zu üben, damit es das unerwünschte

Wie soll man den Lumpsack denn jetzt noch satteln?

Zeigen einer Lektion im Keim ersticken lässt. Die Abschaltbarkeit ist also beinahe noch wichtiger als die Abrufbarkeit einer Lektion, denn wenn eine Lektion nicht beendet oder verhindert werden kann, gibt es womöglich Frust und Verärgerung, wenn Sie das Gelernte auch einmal vorführen möchten.

Pferde zeigen dieses unerwünschte Ausführen von Übungen, die sie gut können, auch gerne, wenn sie sich einem anderen Kommando entziehen möchten oder sich im Training langweilen. Sie können Lektionen durch Anhalten, Rückwärtsrichten oder Antretenlassen auch abschalten oder verhindern. Der Reflex, Lektionen durch bestimmte Aktionen zu verhindern, muss Ihnen in Fleisch und Blut übergehen.Das „Hooh, Halt" hat da sehr große Bedeutung, denn ich hole die Pferde aus einer Zirkuslektion meist mit diesem Kommando heraus. „Nein" kann als Signal mit strafendem Charakter eingeführt werden, während „Hooh-Halt" das positive Ende einer Übung signalisiert. Aber auch mit „Allez Sche-ritt" beende ich eine Übung, zum Beispiel den Spanischen Schritt. Ein ungewolltes Ablegen oder Kompliment verhindern Sie durch Anheben des Kopfes. Schicken Sie das Pferd durch das Kommando „Allez Sche-ritt" in die Vorwärtsbewegung, damit es die Assoziation zu den Zirkuslektionen verliert.

› Achtung Ausnahme!

Wenn Sie mit der Zeit über genügend Routine verfügen, kann der Fall eintreten, dass Sie selbst immer unpräzisere Kommandos geben. Das führt zwangsläufig zu einer schlampigen Ausführung der Übung und ungewolltem Verhalten. Seien Sie in dieser Phase besonders streng, vor allem mit sich selbst. Das A und O sind klare Anweisungen von Ihnen, die das Pferd auch sauber umsetzen soll. Hier sind ausschließlich Ihre Führungsqualitäten gefordert.

Achtung, Ausnahme: Ungefragt dürfen Sie nur Lektionen zulassen, die Ihr Pferd noch nicht abrufbar kann oder ungern macht. Bestrafen oder verneinen Sie dann nicht die Übung, wenn es diese anbietet. Beispiel: Es geht um Spanischen Schritt. Ihr Pferd weiß noch nicht, was das Touchieren bedeutet. Es hebt das Bein eher selten auf Anfrage, stattdessen tut es nichts. Dann schließlich streckt es unvermittelt und ungefragt das Bein. Loben Sie! Machen Sie ihm dadurch verständlich, dass Sie gerade diese Bewegung suchen. Dann hat es verstanden. Es streckt ungefragt und gefragt. Ab jetzt können Sie differenzieren. Das Ausstrecken darf nur noch auf Anfrage erfolgen. Ansonsten wird das Pferd ermahnt und durch „Nein, Allez Schritt" gebremst.

Ein weiteres Beispiel, die Referenzpirouette von Ben: Zuerst konnte er die Referenz, das heißt, er streckte ein Vorderbein ge-

Führungsqualitäten und Sachkenntnis sind bei außergewöhnlichen Lektionen zwingend erforderlich.

streckt nach vorne und hielt es so in die Luft. Um die Motivation zu erhöhen, durfte er diese Übung so lange ungebeten zeigen, bis er die schwierige Pirouette beherrschte. Dazu wollte ich ihn hoch motivieren, denn die Lektion ist schwer. Also durfte er erst einmal jederzeit ungefragt die Lektion anbieten. Heute kann er sie ganz alleine, ohne dass ich bei ihm stehe.

Noch ein Beispiel, wozu hohe Motivation führen kann: Ben kann auf ganz ungefährliche Art steigen. Das heißt, dass er mich dabei nicht attackiert. Also darf er es bei mir jederzeit. Aus dem Spaß und der Motivation, die er in dieser Lektion zeigt, fällt es mir leichter, die anstrengenden, mehrfach hintereinander gesprungenen Courbetten oder aus dem Steigen das Laufen zu entwickeln.

Ausnahmen strenger Regeln sind nur etwas für Fortgeschrittene, die das jederzeit bewusst tun. Wichtig ist, dass in der Anfangsphase möglichst keine anderen Personen mit dem Pferd arbeiten. Auch sollte in der Zeit kein Tierarzt oder Hufschmied zu Routinearbeiten kommen. Welche Signale sich für die Abrufbarkeit der Übungen im Einzelnen eignen, erläutere ich bei den einzelnen Lektionen.

Besonders beim Spanischen Schritt müssen An- und Abschaltbarkeit gewährleistet sein.

> Das gewünschte Repertoire Ihres Pferdes

Sicher gibt es bestimmte Zirkuslektionen, die Sie Ihrem Pferd unbedingt beibringen möchten, und manche, die Sie gar nicht wollen. Das ist zum einen Geschmackssache, zum anderen aber auch eine Frage, ob Sie bestimmte Verhaltensweisen grundsätzlich in das Repertoire Ihres Pferdes integrieren wollen oder nicht. Schließlich spielt bei dieser Frage auch das Selbstbewusstsein, Gehorsam und die Dominanz eines Pferdes eine wichtige Rolle.

Typisches Beispiel ist das Ja- und Nein-Sagen. Wenn ein Pferd diese Lektion gelernt hat, wird es sie sicher gerne und ungefragt anbieten, weil es für das Pferd die simpelste Art ist, an Futter zu kommen. Wenn es Sie als Besitzer stört, dass Sie von Ihrem Pferd auf diese Weise begrüßt werden oder es in der Box steht und unentwegt „Ja“ oder „Nein“ sagt, um Vorbeigehenden Futter zu entlocken, dann sollten Sie ihm diese Lektion gar nicht erst beibringen.

Beim Spanischen Schritt sollten Sie sich der Gefahren bewusst sein, die sich daraus ergeben können. Je nachdem, wie groß Ihr Pferd ist, kann ein plötzlich unvermutet ausgestrecktes Bein durch eine große Reichweite gefährlich werden. Die Lektion Schubsen kann ebenfalls ungewünschte Situationen herbeiführen. Mein Pony Ben darf mich, wenn ich losrenne, auf Kommando von hinten schubsen, aber das ist vor allem wegen seiner geringen Größe in Ordnung. Ich denke, einem großen Pferd würde ich diese Lektion nicht unbedingt beibringen.

Bedenken Sie, welche Lektionen sinnvoll sind, wenn Kinder oder viele andere Menschen mit Ihrem Pferd umgehen. Das kann das Repertoire aus Sicherheitsgründen erheblich einschränken.

> Vom Start- zum Zielbild

Um einzelne Bausteine, also Lernschritte, zu erkennen und trennen zu können, müssen Sie ein Startbild und ein Zielbild entwickeln. Nehmen wir einmal das Beispiel Rückwärtsrichten. Ihr Zielbild ist ein freies Rückwärtsrichten im Slalom um fünf Tonnen herum, wobei Sie sich hinter dem Pferd befinden. Ihr Startbild ist ein Pferd, das an der Hand am Halfter in kurzer Verbindung geführt, rückwärts gerichtet werden kann.

Von diesem Ziel- und Startbild gehen Sie also aus und fügen für das Training so viele notwendige Zwischenschritte ein, wie das Pferd für das Verstehen und das Akzeptieren benötigt. Machen Sie sich Gedanken über den Sinn einzelner Zwischenschritte und erstellen Sie eine Liste oder zeichnen Sie Skizzen – ganz wie es Ihnen selbst entgegenkommt. Die genaue Beschreibung der Lektion Rückwärtsrichten finden Sie übrigens auf S.62.

Mit dieser Start- und Zielbild-Methode können Sie Ihr Training sinnvoll und erfolgreich gestalten.

Dieses Vorgehen kann auch wieder direkt auf die Dressurarbeit unter dem Sattel übertragen werden: Hilflose, aggressive Momente ergeben sich dadurch, dass der Reiter das Zielbild vor Augen hat

Freies Rückwärtsrichten: Auf dem Weg vom Start- zum Zielbild entsteht dieses Zwischenstadium.

Auch hier ein Zwischenstadium. Denn statt hinter dem Pferd befindet sich Bea Borelle noch vor Ben.

und mit seinen Hilfen undifferenziert und überdosiert praktisch mit der Tür ins Haus fällt. Trabverstärkungen werden oft mit „vorne Häng und hinten Bäng" erzwungen, ohne dass dem Pferd erklärt wird, was man meint, und vor allem die nötige Kopf-/ Halsposition zugelassen wird, um raumgreifende Beinbewegungen zu erhalten. Zwangsläufig ergibt sich daraus das Bild verspannter, taktunreiner und unglücklicher Pferde! Der Reiter ist meist nicht in der Lage, den Aufbau und die Entwicklung einer Lektion zu analysieren und die einzelnen Zwischenschritte zu erkennen. Er geht deshalb vom Zielbild aus. Das kommt dem Sprichwort gleich, das Pferd von hinten aufzuzäumen. Wie aber sollte er es auch besser machen, wenn Dressurrichtlinien den Reiter im Dunkeln tappen lassen und selbst Reitlehrer es nicht vermitteln können?

› Verknüpfungen

Ein ganz wesentlicher Trainingsaspekt ist es, Verknüpfungen zu schaffen: Eine alte, gut „sitzende" Übung oder Phase wird mit einem neuen Lernschritt verbunden, indem man immer wieder vom Alten ausgehend eine neue Bewegung fordert. In der korrekten Ausführung des alten Abschnittes erlangt das Pferd die nötige

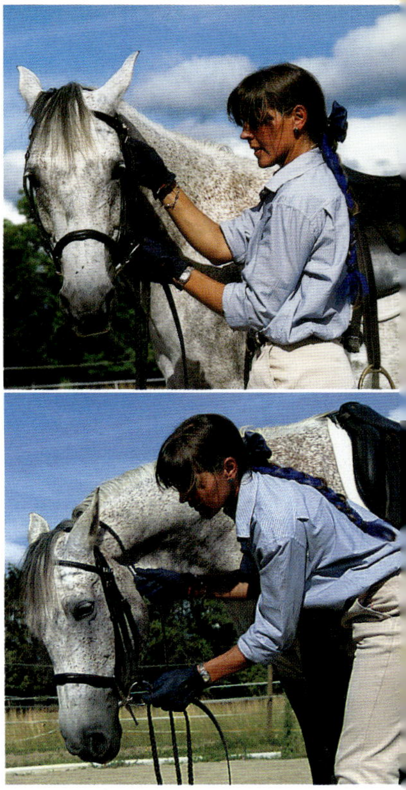

So wird das Pferd nach links flexioniert und strebt dann in die Dehnung.

Motivation und Selbstsicherheit und öffnet sich für die neue Anforderung. Mit einem Beispiel aus der Dressurarbeit möchte ich es Ihnen verdeutlichen: Ihr Pferd geht gegen den Zügel über dem Gebiss. Sie möchten dagegen die Kopf-/Halsposition zur Dehnungshaltung hin verändern:

1 Sie stehen am Boden und flexionieren Ihr Pferd (siehe „Bea Borelles Pferdetraining", S. 132 f.), das lässt mit Hilfe dieses Zeichens den Kopf fallen.
2 Sie sitzen im Sattel und fragen das Gleiche von oben ab. Ihr Pferd versteht Sie nicht, woraufhin Sie absteigen und die Übung wieder von unten abfragen (Verknüpfung von Phase 1 und 2).
3 Jetzt lassen Sie das Pferd im Schritt antreten und geben das Signal zum Flexionieren im Schritt. Versteht das Pferd es nicht, halten Sie an und lassen es die Lektion im Stand ausführen. Dann versuchen Sie es erneut im Schritt. Sie kehren anschließend so oft in den Stand zurück, bis Ihr Pferd auch verstanden hat, was es im Schritt machen soll, und es umsetzt.

Immer dann, wenn Ihr Pferd einen Zwischenschritt verstanden hat, loben Sie es ausführlich.

› Rückstufen

Immer dann, wenn Ihr Pferd Sie nicht versteht, gehen Sie wieder einen Schritt zurück in der Trainingsfolge. Falls Sie schon Aufgaben auf höherem Niveau erarbeitet haben und Ihr Pferd an einem schlechten Tag in der Leistung zurückfällt, dann gehen Sie mit Ihren Anforderungen so weit zurück, bis Sie beide den „kleinsten gemeinsamen Nenner" gefunden haben. Nur so haben Sie nämlich eine reelle Chance, in dieser Trainingseinheit einen positiven Abschluss zu finden.

Üben Sie sich selbst in Geduld und Selbstdisziplin und seien Sie bei der Arbeit mit dem Pferd immer bereit, von Ihrem hohen Ross runterzusteigen. Aus Recht-haben-Wollen muss sich die Bereitschaft zum Verstehen entwickeln.

Was? Sie glauben, Ihr Pferd treibt heute Ulk mit Ihnen und lässt Sie auflaufen?

Stufen Sie zurück! Erst wenn Sie stetig und sicher auf höherem Level gearbeitet haben, haben Sie das Recht, etwas strenger zu sein, vorausgesetzt das Pferd hat die Übung in der Vergangenheit immer gehorsam gezeigt. Führt es die Übung immer noch nicht gehorsam aus, dann gehen Sie noch mal einen Schritt zurück. Pferde können leider nicht reden und uns so mitteilen, warum sie schlecht drauf sind. Sie stecken nicht in Ihrem Pferd. Morgen kann es schon wieder viel besser sein.

Das Flexionieren im Stand

Zirkustraining für Reiter

› Der Grundkurs für Dressurreiter

Wie schon erwähnt, bin ich der Meinung, dass es eine Sparte gibt, in der die meisten Pferde besonders leiden oder zumindest wenig Freude haben: in der so genannten Klassischen Dressur. Deshalb möchte ich mit Hilfe dieses Buches verdeutlichen, dass und wie man diese Sparte mit Licht und Frohsinn erhellen kann.

Sie wollen, dass Ihr Pferd zukünftig gerne oder begeistert mitarbeitet? Dann sollten Sie mit Ihrem Pferd gemeinsam einen Umerziehungskurs machen, der zwei Wochen lang dauern wird. In der ersten Woche führen Sie nichts anderes als die vorgeschlagenen Übungen aus, in der zweiten Woche beziehen Sie das gesamte Zusammensein mit dem Pferd ein und ab der dritten Woche werden Sie die neuen Ideen in Ihre übliche Arbeit integrieren.

Falls Sie noch nie mit Zirkuslektionen gearbeitet haben, möchte ich, dass Sie lernen, Ihr Pferd für jeden kleinen Erfolg zu loben, und zwar mit Futter. Ihr Pferd soll begreifen, dass es sich ab dem heutigen Tag lohnt,

- Dinge korrekt auszuführen,
- mitzudenken,
- sich zu konzentrieren,

denn ihm ist der Profit in Form von

- verbalem Lob,
- Handlob,
- Futterlob versprochen und garantiert.

Ich schlage folgendes Umerziehungsprogramm vor; Es besteht aus zehn Aufgaben, die Sie sehr leicht ausführen können:

Es muss doch einen Weg geben, auch im Dressurreiten freudig zu bleiben.

In allen Übungen befinden Sie sich in der Führposition mit den Hasenohren (siehe mein Buch „Bea Borelles Pferdetraining“ S. 71, 75)

Vorgeschlagene Übung	*Anzahl der Wiederholungen*	*Hinweise in „Bea Borelles Pferdetraining“*
Fütterungsdisziplin	1-mal pro Training	S.35; hier S.39
1. Am Hufschlag antreten und anhalten	10-mal	S. 71, 75, 79,81
2. Am Hufschlag anhalten und rückwärts richten	10-mal	S. 77, 80
3. Eine Vorhandwendung ausführen lassen = weichen lassen	5-mal	S. 95
4. Eine Hinterhandwendung ausführen lassen = Vorhand weichen lassen	5-mal	S. 97
5. Zunächst mit einem Bein über eine am Boden liegende Stange treten, dann mit zwei, drei und vier Beinen	5-mal	S. 71, 75
6. Den Huf in einen Mopedreifen stellen	5-mal	S. 117
7. Die Vorderbeine auf eine Fußmatte oder ein Stück Teppich stellen	5-mal	S. 71, 75
8. Auf Antippen mit der Gerte ein Bein bewegen	5-mal	S. 116
9. Auf Zupfen am Halfter den Kopf senken	5-mal	S. 59
10. Auf Klopfen am Bein Huf geben	5-mal	

Alle Übungen haben eine Gemeinsamkeit: Nach ihrer Ausführung steht Ihr Pferd felsenfest und Sie können es per Wort, per Hand, per Futter belohnen. Sie verfahren nach folgenden Regeln: Die Übungen 1 bis 4 führen Sie so aus, dass Ihr Pferd nach drei oder vier Tritten anhält und Sie es dann loben. Die Übungen 5 bis 10 soll Ihr Pferd einmal ausführen und danach bekommt es ein Futterlob, bevor Sie erneut wiederholen.

Sie werden sich eine Woche keine weiteren Übungen ausdenken, Ihr Pferd nicht anders arbeiten, nicht reiten, nicht longieren, nur an den vorgeschlagenen Übungen arbeiten. Sie sollen lernen, die Übungen zukünftig in kleinste Schritte aufzuteilen und freudig zu loben. Man darf Pferde nicht erst loben, wenn sie piaffieren! Pferde machen doch keinen Unterschied in der Wertigkeit von Lektionen.

In der zweiten Woche betrachten Sie einmal ganz bewusst die gesamte Zeit, die Sie mit Ihrem Pferd verbringen. Geben Sie Ihrem Pferd für alles, was es tun soll, ein klares Kommando und loben Sie es, wenn es richtig reagiert. Wir überlegen das einmal gemeinsam durch: Sie kommen in den Stall, öffnen die Boxentür und halftern nach freundlicher Begrüßung Ihr Pferd. Ist es gehalftert, weisen Sie es an, still zu stehen. Es soll Sie nun nicht mehr anschnuppern, sondern warten. Weisen Sie seinen Kopf weg und sagen Sie „Hooh, Halt". Steht es ruhig und beginnt zu warten, sagen Sie „Allez, Schee-rit" und gehen mit ihm in die Stallgasse. Dort sagen Sie „Hooh, Halt" und halten es an. Sie loben es jedes Mal mit allen Möglichkeiten (Stimme, Hand, Futter), wenn es etwas richtig macht. Sie binden es an und drehen die Hinterhand weg. Das Pferd gehorcht: Loben! Nach dem Putzen und Satteln gehen Sie in die Halle. Alles unter Kommando und mit dem entsprechenden Feedback. Dann führen Sie Ihre Übungen aus und danach führen Sie Ihr Pferd unter klaren Anweisungen wieder zurück in den Stall, unterbrechen aber mehrmals mit „Hooh, Halt" und Futterlob.

Nach zwei Wochen nehmen Sie wieder die übliche Arbeit auf. Jede, aber auch jede Sache wird angewiesen und bei gehorsamer Ausführung überschwänglich belohnt: das Anhalten, das Aufsitzen, das Warten bis zum Antreten, das Abwenden, etc. – loben Sie mit allen Mitteln. Sollten Sie in den vergangenen Wochen dieses Programm durchgehalten und befolgt haben, so müssten Sie einen deutlichen Unterschied am Verhalten Ihres Pferdes bemerken.

Wahrscheinlich war die Ausführung der Fütterungsdisziplin die schwierigste Aufgabe für Sie beide. Ich hoffe, Sie haben diese sauber eingehalten und Ihr Pferd ist daraufhin nicht ins Betteln verfallen oder ungeduldig geworden.

Wahrscheinlich haben Sie auch gedacht, dass es doch völlig

Nur eine Stange bietet schon vielfältige Übungsmöglichkeiten.

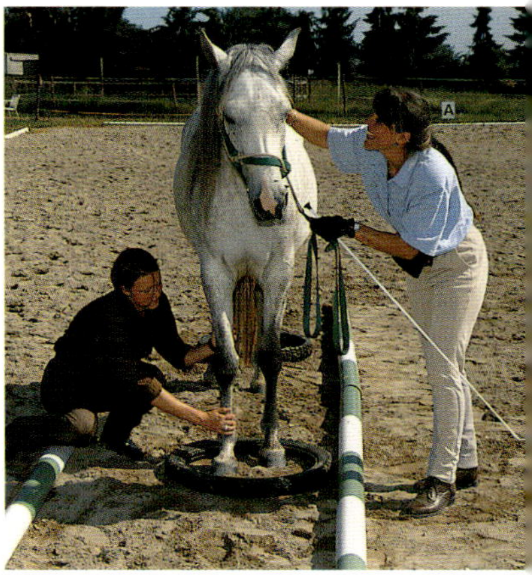

Traut sich das Pferd nicht, eigenständig in den Reifen zu treten, kann man ihm helfen.

Ob am Halfter oder gezäumt, lernt das Pferd, den Kopf zu senken.

Halsringreiten fördert sichtlich die Zufriedenheit des gerittenen Pferdes.

übertrieben ist, soviel zu loben und dann auch noch mit Futter? Wie lange soll das denn so weitergehen? Erstens ist es nicht übertrieben, viel zu füttern, denn kein Pferd der Welt bittet darum trainiert zu werden und schon gar nicht in der Disziplin: Klassisches Dressurreiten. Zweitens werden Sie nach der Umerziehungsphase Ihre Vorgehensweise differenzieren.

Halten Sie sich an folgendes Schema

Superlob *= Stimme + Hand + Futter + Pause*	*Für alle Durchbrüche nach besonderen Anstrengungen, Mut, Selbstbeherrschung etc.*
Primalob *= Stimme oder Hand + Futter evtl. Pause*	*Für gute Leistung, an der man gerade arbeitet.*
Alltagslob *= verbales Lob, z.B. „brav"*	*Für alle Selbstverständlichkeiten, für schon lange bekannte Übungen, aber gehorsame Leistung.*

Freude lässt sich in Situationen, die dazu Anlass geben, erlernen.

Sie werden also ab heute versuchen, die gesamte Arbeit mit Ihrem Pferd so zu gestalten, dass die Freude aneinander und miteinander immer mehr wächst. Herzlichen Glückwunsch und Willkommen im Club der fröhlichen Menschen.

Nun arbeiten Sie weiter in meinem Buch und machen sich darüber hinaus fit in Sachen Zirkuslektionen.

Beas Zirkustraining – der Anfang

› Grundsätzliche Lektionen

Die Voraussetzungen, die ein Pferd für Zirkuslektionen mitbringen muss, habe ich schon auf S. 13 beschrieben, deshalb stelle ich hier in einer Liste zusammen, welche Lektionen ein Pferd beherrschen sollte, damit Sie direkt mit den Zirkuslektionen beginnen können. Alle diese grundsätzlichen Übungen finden Sie auch im Buch „Bea Borelles Pferdetraining" ausführlich beschrieben.

- Ihr Pferd lässt sich überall am Körper berühren.
- Ihr Pferd lässt sich in unterschiedlichen Positionen führen.
- Ihr Pferd lässt sich anhalten.
- Ihr Pferd steht regungslos an der Hand und frei (Statue).
- Ihr Pferd tritt an der Hand rückwärts.
- Ihr Pferd tritt an der Hand seitwärts.

Alle diese Lektionen sind für das Zirkustraining sehr wichtig, deshalb stelle ich hier die Statue, die auch in der Liste der vorher genannten Übungen steht, sowie das Rückwärts- und Seitwärtstreten in ihren Übungsphasen vor.

› Die Statue

Die Statue ist eine Lektion, bei der das Pferd lernt, in verschiedenen Situationen frei zu stehen, ohne dass der Mensch sich direkt am Pferd befindet. Ihr Pferd lernt dabei auch, sich führen zu lassen, anzuhalten und die Berührungen mit der Gerte am Körper zu akzeptieren.

Üben Sie am besten in der Halle oder auf dem Reitplatz. Für diese Übung sollten Sie die Leinen in einer bestimmten Weise in Ihre Hand legen, um Verletzungen zu vermeiden. Ich habe diese Art in meinem Buch „Bea Borelles Pferdetraining" beschrieben (siehe S. 71) und nenne sie die „Hasenohren". Immer wenn Sie den Kopf des Pferdes komplett kontrollieren wollen, verwenden Sie die „Hasenohren". Sollte das Pferd mal nach hinten ziehen, dann kann die Leine aus Ihrer Hand gleiten, ohne die Finger zu zerren oder zu verbrennen.

Zukünftig werden Sie unter der Kurzbeschreibung einer jeden Lektion auch die Bemerkung finden „Lektionen verhindern durch". Was bedeutet das?

Ganz einfach: Sie wollen nicht nur eine Lektion abrufen, sondern Sie werden schnell bemerken, dass Sie diese häufig nicht wollen! Unvermittelt senkt sich Ihr Pferd zum Kompliment ab, geht rückwärts oder schubst Sie. Das müssen Sie zu verhindern wissen.

So lässt sich die Statue steigern: Barros verharrt und Ben wird um ihn herumlongiert.

Statue

Die Statue ist die Vorübung zu vielen anderen Zirkuslektionen. Sich auf ein bewegungslos verharrendes Pferd verlassen zu können, bringt sehr viel Ruhe in die Arbeit.

1 Legen Sie vier Stangen zu einem Rechteck aus, das mindestens 50 cm länger und breiter als das Pferd ist. Führen Sie Ihr Pferd in das Rechteck hinein, halten Sie es an und lassen Sie es neben sich stehen. Während es steht, streichen Sie die Pferdebeine mit der Gerte von oben nach unten ab, das stabilisiert das Pferd am Platz. Loben Sie Ihr Pferd mit der Stimme und Streicheleinheiten, wenn es ruhig steht. Nach einer Minute führen Sie es aus dem Rechteck hinaus. Zukünftig ist das Abstreichen des Pferdes das Zeichen für Immobilität und der Abschalteknopf von Lektionen.

2 Führen Sie entweder Ihr Pferd in der Position der Entspannung oder der so genannten Führposition der Distanz in das Stangenviereck, halten Sie es an und lassen Sie es stehen. Sie bleiben dabei außerhalb der Stangen. Streichen Sie es aus der Entfernung mit der Gerte ab. Lösen Sie die Übung nach einiger Zeit auf, indem Sie Ihr Pferd im weiten Abstand aus dem Rechteck führen. Loben mit der Stimme nicht vergessen!

3 Führen und halten Sie Ihr Pferd im Abstand im Rechteck an. Gehen Sie zum Pferd, wickeln Sie die Führleine auf und fixieren Sie diese am Halfter. Streichen Sie Ihr Pferd mit zwei Gerten ganz ruhig und mit langen Strichen auf jeder Körperseite ab. Streichen Sie an der Halsunterseite, der Brust und den Vorderbeinen entlang, dann über Rücken und Kruppe an den Hinterbeinen nach unten. So wird das Pferd vorne und hinten betreut, umarmt und eingerahmt. Bewegt das Pferd den Kopf nach rechts, links oder nach unten, dann touchieren Sie es sanft am Kopf, um diesen wieder anzuheben oder gerade zu richten. Wechseln Sie vor dem Pferd die Seite und wiederholen Sie das Abstreichen auf der anderen Körperhälfte. Ihr Pferd wird ruhig stehen, weil es sich durch das Abstreichen und Stimmlob betreut fühlt. Gehen Sie dann hinter dem Pferd herum nach vorne. Belohnen Sie das ruhige Stehen mit Futter und führen Sie es aus dem Rechteck hinaus.

4 Halten Sie Ihr Pferd im Viereck an, vergrößern Sie den Abstand und lassen Sie es ohne Gertenabstreichen im Rechteck stehen. Gehen Sie um das Pferd herum und belohnen Sie mit Futter, wenn Ihr Pferd bis zum Ende der Übung ruhig stehen geblieben ist. Falls das Pferd das Rechteck verlassen will, nutzen Sie die Gerten im vorderen Bereich als optische Bremse sowie Ihre Stimme. Führen Sie es ruhig und freundlich in das Rechteck zurück, wenn Ihre Signale aus der Entfernung nicht ausgereicht haben. Gehen Sie immer wieder in die vorhergehende Übungsphase zurück, wenn der Erfolg ausbleibt.

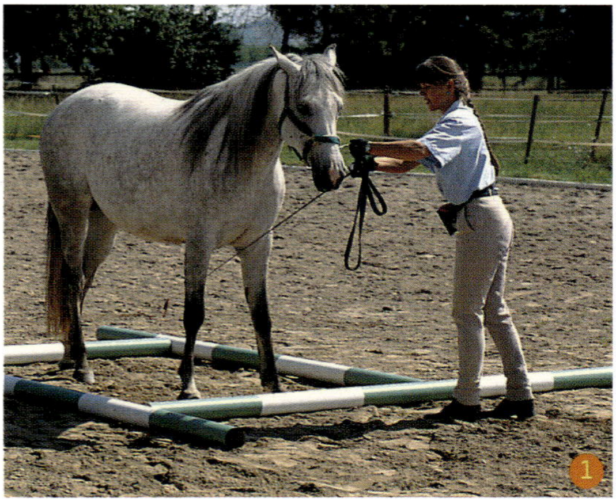
1

1

5 Üben Sie die Statue mit Herumgehen um das Pferd ohne Stangenbegrenzung und ohne Gerten, später auch an anderen Stellen auf dem Reitplatz. Falls das nicht gleich gelingt, verlagern Sie die Stangen zunächst auf die neue Stelle und lassen Sie sie erst später wieder weg.

Wenn Ihr Pferd eine Übungsphase nicht versteht, verknüpfen Sie diese mit der vorherigen oder gehen Sie mit Ihren Anforderungen so weit zurück, bis Sie beide wieder den kleinsten gemeinsamen Nenner des Verstehens gefunden haben.

Kurz gesagt

Startbild und Zielbild sind gleich: Das Pferd steht bewegungslos
Körpersprache: Pferd steht, Mensch geht
Stimmkommando: „Hooh-Halt"
Gertensignal: Abstreichen des Pferdes
Wiederholungen: Zwei- bis fünfmal
Equipment: Halfter, Führleine, zwei Gerten
Trainingsort: Halle, umzäuntes Gelände
Vorbereitung: Kopf tief
Lektion verhindern durch: Antreiben

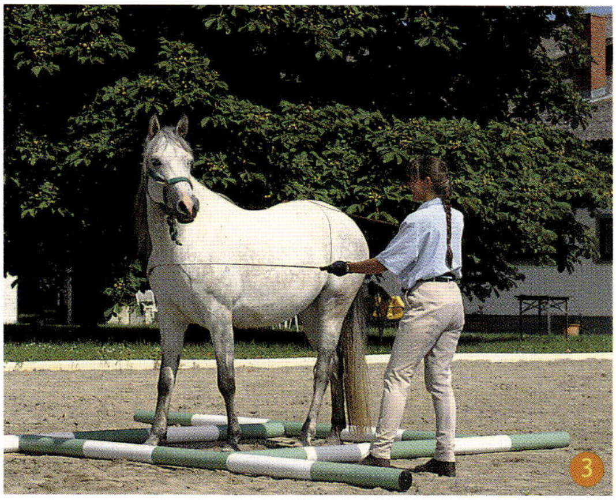

Rückwärtsrichten

Pferde können schon sehr jung rückwärts gerichtet werden, und für den Menschen stellt diese Lektion keine große Anforderung dar. Das Rückwärtstreten ist eine simple, aber effektive Form der Gymnastizierung. Ich habe in meinen Kursen festgestellt, dass es sich bewährt, das Rückwärtsrichten vor den Zirkuslektionen zu üben, vor allen Dingen vor der Lektion „Spanischer Schritt". Für das Rückwärtsrichten nutze ich verschiedene Varianten und Führpositionen. Je nach Anforderung und Ausbildungsstand des Pferdes befinde ich mich vor, nahe neben oder seitlich hinter dem Pferd. Beim Training werden Sie merken, dass Sie Ihr Pferd durch häufiges Üben mit viel Futterlob schnell befähigen können, rückwärts zu treten. Pferde gehen grundsätzlich ungern rückwärts, aber wenn Sie Schritt für Schritt und in stets positiver Atmosphäre vorgehen, löst sich diese Abneigung auf.

Bevor Sie nun beginnen, möchte ich Sie noch mal daran erinnern, jeden kleinen Erfolg mit einer Pause, verbalem Lob, Futterlob und Handlob zu betonen.

Kurz gesagt

Startbild: Das Pferd steht
Zielbild: Das Pferd geht frei rückwärts, auch in Hindernissen
Der Mensch befindet sich hinter ihm
Körpersprache: Im Laufe der Übung wechseln
a) Mensch ist dem Schweif zugewandt und geht in seiner Blickrichtung vorwärts
b) Mensch schaut in die gleiche Richtung wie das Pferd und geht auch rückwärts
c) Mensch befindet sich seitlich hinter dem Pferd. Beide gehen rückwärts
Stimmkommando: „Zurück" oder Kommando Ihrer Wahl
Gertensignal: Auf- und Abschwenken der Gerte
Wiederholungen: Zwei- bis fünfmal oder abgestimmt auf das Pferd
Equipment: Halfter, Führleine, zwei Gerten.
Trainingsort: Halle, umzäuntes Gelände
Vorbereitung: Keine.
Lektion verhindern durch: Energisches Antreiben

1 Sie stehen am Kopf des Pferdes und fassen es kurz am Halfter. Sie verkürzen die Führleine in zwei Schlaufen, entsprechend der „Hasenohren". Dabei blicken Sie Richtung Schweif. Mit Ihrer Körpersprache – aufrecht und groß – drücken Sie Überzeugung aus. Wenn Ihr Pferd daraufhin nicht rückwärts tritt, gehen Sie auf das Pferd zu. Ihr Pferd ist auf der rechten Hand. Sie haben die Gerte in der linken Hand und Sie schwenken die Gerte zu Beginn der Übung unter Ihrem rechten Arm vor der Pferdenase mehrmals von oben nach unten. Sie sagen das Kommando „Zurück" und touchieren es an der äußeren linken Schulter. Dabei zupfen Sie das Pferd am Halfter. Jetzt sollte es zurücktreten. Das Rückwärtstreten üben Sie auf beiden Händen.

2 Sie haben den ersten Schritt dieser Übung tagelang wiederholt und Ihr Pferd geht willig und ohne Gertenberührung oder Zupfen am Halfter rückwärts. Tut es das nicht, dürfen Sie jetzt auch mal sehr deutlich mit der Gerte „sprechen". Dem Pferd soll es so unangenehm sein, dass es in Zukunft dieser Berührung vorauseilt und sich, ohne touchiert zu werden, rückwärts bewegt.

Ihr Pferd geht jetzt rückwärts und unterdessen drehen Sie sich um. Dabei erneuern Sie das Kommando zum Rückwärtstreten trotz ihrer veränderten Position. Das Kommando besteht immer wieder aus Stimme, Körpersprache und Gertenbewegung. Nach einigen Tritten loben Sie ausgiebig und wiederholen die Übung nach einem Moment der Pause.

3

3 Wenn Phase zwei funktioniert, können Sie demnächst auf diesem Level starten. Sie schauen in dieselbe Richtung wie das Pferd und gehen parallel mit ihm zurück. In jeder Stufe der Übung greifen Sie auf Ihre Stimme und Gerte, schwenken oder touchieren, zurück, soweit es notwendig ist.

4 Zum Rückwärtstreten mit weitem Abstand befinden Sie sich in ca. 1,5 m Abstand neben dem Pferd und fordern es mit Ihrer Stimme, dem Signal am Führseil und einem Auf- und Abschwenken mit der Gerte auf, rückwärts zu treten. Sie blicken wie das Pferd nach vorne und gehen rückwärts mit dem Pferd mit. Nach einer Pferdelänge halten Sie das Pferd an und loben es mit Futter.

5 Wie Phase vier: Sie bewegen sich beim Rückwärtstreten jetzt allerdings schneller als das Pferd, so dass Sie am Ende des Rückwärts ca. 1,5 m seitlich neben der Kruppe zum Stehen kommen.

6 Sie benötigen nun die Longe und eine Peitsche mit langem Schlag. Sie beginnen aus der Position, in der Sie in Phase fünf geendet haben und ziehen sich im Rückwärtsgehen so weit zurück, bis Sie seitlich hinter dem Pferd sind. Dabei geben Sie das Kommando mit Stimme, Körpersprache und Gertensignal. Falls Ihr Pferd nicht rückwärts tritt, schlagen Sie mit dem Peitschenschlag ein- oder mehrmals vor dem Pferd gegen die Bande. Das Anhalten muss in dieser Phase schon auf Kommando erfolgen.

7 Sie befinden sich von Anfang an hinter Ihrem Pferd und fordern es von dort aus auf, rückwärts zu treten. Sie gehen rückwärts mit und halten es nach einer Pferdelänge an. Wie in der vorangegangenen Phase benötigen Sie hierfür eine Longe und eine Longierpeitsche, damit Sie den größeren Abstand einnehmen können. Nutzen Sie als seitliche Führung die Bande der Reitbahn und wechseln Sie schließlich auch wieder die Hand, damit Ihr Pferd beidseitig trainiert wird.

8 Verlegen Sie die Übung sieben auf die freie Fläche der Reitbahn. Ihr Pferd sollte jetzt angstfrei, willig und engagiert auf Ihre Signale mit Ihnen rückwärts treten.

9 Jetzt sollen Sie die Kruppe nach links oder rechts weichen lassen. Machen Sie Ihren Wunsch zunächst durch normale Vorhandwendungen an der Bande zu beiden Seiten deutlich. Begeben Sie sich dann hinter Ihr Pferd und dirigieren Sie die Kruppe nach innen von der Bande weg durch ein Touchieren mit der Peitsche auf der äußeren Kruppenseite. Das Pferd sollte nun rückwärts mit der Kruppe nach innen schwenken. Wiederholen Sie dies auf der anderen Hand.

10 Verlegen Sie die Übung in die Mitte der Bahn. Sie können das Erlernen der Übung unterstützen, indem Sie eine zweite Longe einschnallen, die Longen links und rechts durch einen Longiergurt laufen lassen und auf diese Weise die Kruppe einrahmen. Ihr Pferd wird

5

7

auf das Berühren mit den Longen sicher genauso reagieren wie zuvor auf das Touchieren der Gerte bzw. Peitsche. Es wird durch die Unterstützung der touchierenden Hilfen schnell begreifen, dass es Ihnen rückwärts in die Richtung folgen soll, in die Sie selber rückwärts gehen. Entfernen Sie dann die Longen und nutzen Sie nur die Stimme und zwei Peitschen als Signalgeber. Ihr Pferd soll Ihnen rückwärts folgen, ohne an einer Führleine zu sein.

11 Schließlich touchieren Sie Ihr Pferd mit der Longe an der Hinterhand, der es weichen soll. Ebenso soll es der Longe auf der anderen Seite im nächsten Moment weichen lernen. Hat es das verstanden, dann touchieren Sie das Pferd nicht mehr mit der Longe, sondern mit der Peitsche, bis es rückwärts im Slalom geht.

12 Jetzt stellen Sie fünf Hütchen, Markierstangen oder Reifen in einer geraden Linie auf und führen Ihr Pferd im Slalom rückwärtshindurch. Zuerst gehen Sie neben dem Kopf des Pferdes und bewegen sich vorwärts, während Ihr Pferd rückwärts Slalom geht. Dann ziehen Sie sich wieder stufenweise nach hinten seitlich neben das Pferd zurück.

13 Später können Sie die Übung in verschiedenen Engpässen steigern: z. B. Flattervorhang, Labyrinth oder Tonnen. Zunächst gehen Sie vorwärts durch den Engpass hindurch. Dann werden Sie Ihr Pferd vor sich führend rückwärts manövrieren, Sie gehen vorwärts, das Pferd geht rückwärts. Wenn das gut gelingt, wechseln Sie zur beschriebenen Führposition hinter Ihrem Pferd.

14 Steigern Sie noch einmal die Schwierigkeit und gehen Sie rückwärts durch ein Stangen-L oder Labyrinth. Führen Sie Ihr Pferd zunächst einmal vorwärts durch ein L, halten Sie es an und lassen Sie es das Hindernis rückwärts durchlaufen. Wenn es mit der vorne führenden Position klappt, wechseln Sie nach hinten.

15 Jetzt sind Sie so weit, Ihr Pferd durch alle möglichen Hindernisse gerade und in Bögen rückwärts treten zu lassen – Sie können mit einer kleinen Vorführung beginnen!

Seit den ersten Schritten zu dieser Lektion sind Wochen vergangen. Unentwegt hat man Sie loben gehört und glücklich aus der Halle kommen sehen. Sie haben zusammen mit Ihrem Pferd viel gelernt. Sie haben gefummelt, rangiert und analysiert, sind geduldig auf das Pferd eingegangen und haben schon die erste Faszination und Befriedigung erlebt. Gratulation!

Sie haben jetzt den ersten Showtrick in der Tasche. Die erste kleine Vorführung kann beginnen. Die Zuschauer – Familie, Freunde, Stallkollegen – werden sich gewaltig mit Ihnen freuen und Ihre Augen funkeln voller Stolz, denn nur Sie kennen die Mühen, die dahinter stecken. Ach, ist das schön!

13

Seitwärtstreten

Das Seitwärtstreten entwickelt sich aus dem Schulterherein bzw. Konterschulterherein, Übungen, die in meinem ersten Buch auf S. 99 beschrieben sind.

1 Führen Sie Ihr Pferd in die Bahnmitte, Sie befinden sich auf der linken Seite des Pferdes. Lassen Sie es einige Tritte im Schulterherein von Ihnen weichen. Danach wechseln Sie die Seite.

2 Befestigen Sie die Führleine auf der rechten Halfterseite, bleiben aber zunächst vor dem Pferd, so dass Sie es auf seiner linken Körperseite touchieren und weichen lassen.

3 Sie bleiben auf der rechten Seite, die rechte Hand hält das Pferd am Halfter (Hasenohren). Greifen Sie mit dem linken Arm unter dem Hals durch und touchieren Sie das Pferd auf der linken Bauchseite, damit es mit der Kruppe nach rechts auf Sie zu weicht. Wenn Ihr Pferd diese Aufgabenstellung begriffen hat, loben Sie es ausgiebig!

Wenn es noch nicht klappt, gehen Sie wieder auf die rechte Seite zurück und lassen es nochmals weichen. Scheuen Sie sich nicht, Ihr Pferd notfalls auch einmal deutlich zu touchieren, wenn Sie auf die rechte Seite zurückkehren. Ansonsten verknüpfen Sie wieder die vorangegangene Situation mit der neuen.

4 Üben Sie nun erneut das Weichen nach rechts mit dem über den Pferderücken reichenden Arm. Sie touchieren das Pferd auf dessen linker Hüfte und es wird auf Sie zuweichen. Durch die Vorübung müsste Ihr Pferd dies nun verstehen und ausführen können.

1

2

4

4

5 Selbstverständlich üben Sie der Symmetrie halber die Situationen auf beiden Händen. Verbessert sich das Pferd, so kann man frei mit ihm üben.

6 Falls nötig, können Sie ein Weglaufen des Pferdes verhindern, indem Sie es an der Mähne festhalten.

7 Sie wechseln nochmals die Seite, befinden sich nun wieder links neben dem Pferd. Das Pferd soll wie üblich auf Sie zugehen. Ersetzen Sie die Gerte durch einen Handstock oder eine Peitsche, deren Schlag Sie in der Hand festhalten, und lassen Sie Ihr Pferd aus einer größeren Distanz auf Sie zugehen. Sie kontrollieren den Pferdekopf, indem Sie die linke Hand aufrecht halten. Dadurch, dass Sie den Pferdekopf von sich wegweisen, entsteht im Zusammenspiel mit der Gerte an der rechten Hüfte der Seitengang. Eilt das Pferd nach vorne, benötigen Sie eine zweite Gerte, mit der Sie das Pferd durch Auf- und Abbewegungen vor dem Kopf oder ein Touchieren an der Brust bremsen. Sie können aber auch an die Bande treten, so dass das Pferd quasi im Konterschulterherein an ihr entlang auf sie zugeht. Wenn Sie das fleißig genug geübt haben, können Sie die Distanz allmählich vergrößern und erfolgreich beim Zielbild ankommen. Sie haben schon wieder einen Showtrick erarbeitet und es sind einige Tage vergangen. Gratulation.

Und was hat das mit dem Dressurreiten gemeinsam?
In vielen Zirkuslektionen können wir Gott sei Dank keinerlei Zwang einsetzen. Wenn Sie im Vorfeld mit zu viel Druck arbeiten, wird Ihnen das Pferd die freiwillige freie Arbeit verweigern. Leider ist es im Dressurreiten möglich, das Pferd in den Schraubstock zwischen Gerte, Sporen und Zügel zu spannen. Das Pferd wird unter massiven Schmerzen zu Lasten einer harmonischen Mitarbeit zur gewünschten Leistung gezwungen.

Kurz gesagt

Startbild: Das Pferd steht
Zielbild: Das Pferd geht frei seitwärts auf den Menschen zu
Körpersprache: 90° Drehung auf das Pferd zu
Stimmkommando: „Seit" oder ein Kommando Ihrer Wahl
Gertenkommando: Wechselnd im Verlauf der Übung
a) touchieren der inneren Hinterhand,
b) später auf der Hüfte der äußeren Seite
Wiederholungen: Zwei- bis dreimal oder auf das Pferd abgestimmt.
Equipment: Halfter oder Kappzaum, Führleine, eine Gerte, ein Handstock oder eine Fahrpeitsche
Trainingsort: Halle oder umzäunter Bereich
Vorbereitung: Schulterherein an der Hand
Lektion verhindern durch: Vorwärts treiben oder abfangen (mit Gerte touchieren) der gegenüberliegenden Seite

6

7

Zirkustraining für Geduldige

Halsringreiten

Halsringreiten ist eine Übung, die sowohl dem Pferd als auch dem Reiter enorm viel Spaß macht. Pferde, die sich mit Ihnen zusammen frei und ohne Zäumung bewegen dürfen, danken es mit großer Freude und absoluter Kooperation. Der Ausdruck der Pferde verändert sich so sehr, dass Ihre Zuschauer beinahe mehr davon haben als Sie. Lassen Sie sich filmen und sehen Sie selbst, wie schön, frei und mit welcher Ausstrahlung sich Ihr Pferd bewegt.

1 Reiten Sie Ihr Pferd in der Reitbahn oder Halle gezäumt und mit Halsring, so dass Sie gegebenenfalls auf die Zäumung zurückgreifen können, falls Ihr Pferd nicht gehorsam ist. Verknoten Sie die Zügel in einer Länge, durch die Ihr Pferd nicht im Maul beeinflusst wird und lassen Sie sie auf dem Hals liegen. Formen Sie den Halsring so groß, dass Sie ihn bequem in der Hand halten können und sich nicht nach vorne beugen müssen.

Ihre Hände umfassen den Halsring komplett. Die Finger legen Sie von oben um den Halsring. Die Daumen zeigen zueinander und liegen auf dem Halsring. Ihre kleinen Finger greifen unter den Halsring. Auf diese Weise können Sie den Halsring leicht anheben oder absenken.

Grundsätzlich sollte der Halsring nicht im ständigen Kontakt mit dem Pferdehals stehen, sondern nur signalhaft eingesetzt werden.

2 *Anhalten* Stets werden alle Signale mit dem Halsring impulsartig ausgeführt. Zum Anhalten wird er vorn tief an der Pferdebrust benutzt und mit einem Stimmsignal ergänzt. Ihr Pferd sollte als Anhaltesignal das Touchieren auf die Brust bereits kennen. Das haben Sie zuvor bereits vom Boden aus geübt. Falls Ihr Pferd nicht anhalten sollte, heben Sie den Halsring an, so dass er direkt unter der Kehle des Pferdes anliegt und geben dort zupfende Signale, damit Ihr Pferd das Kommando verstehen lernt.

Falls nötig, unterstützen Sie dieses Signal mit einem, das das Pferd kennt, nämlich dem Touchieren auf der Brust. Verzichten Sie auf treibende Gewichts- oder Schenkelhilfen, wie sonst vielleicht üblich. Reiten Sie zunächst nur im Schritt. Halten Sie Ihr Pferd nach wenigen Schritten an und loben Sie mit reichlich Futter, wenn es anhält. Wiederholen Sie dies viele Male.

Es ist fast schon lebenswichtig, dass Ihr Pferd absolut zuverlässig stoppt. Also bieten Sie ihm jedes Mal einen Profit an: reichlich Futterlob. Dafür lohnt es sich zu bremsen und die Zuverlässigkeit nimmt zu.

3 *Wendungen* Zum Wenden nach rechts drehen Sie Ihre linke Schulter leicht nach vorne und legen den Halsring gegen die linke Halshälfte, das heißt, Sie wenden die Technik an, die im Westernreiten Neckreining genannt wird. Beim Abwenden nach links machen Sie es genau umgekehrt. Sie schieben die rechte Schulter etwas vor, berühren das Pferd auf der rechten Halsseite und wenden es auf diese

3

4

Weise ab. Begleiten Sie die Bewegung mit Schenkeln und Gewicht.

Verlagern Sie Ihr Gewicht dorthin, wohin Sie wenden wollen. Ihr linker Schenkel liegt ohne Druck am Gurt, Ihr rechter, äußerer Schenkel begrenzt hinter dem Gurt. Möglicherweise ist es nötig, den rechten Schenkel deutlich anzulegen, falls das Pferd noch mehr Impulse als nur den Halsring zum Abwenden benötigt.

Machen Sie Ihrem Pferd mit den Schenkeln klar: Rechts ist die Tür zu, links ist sie offen. Da Ihr Pferd von der Bodenarbeit her ein Schwenken der Gerte als Kommando zum Weichen kennt, können Sie im Trab die Gerte außen auf der rechten Seite in Kopfhöhe wedelnd einsetzen oder Sie berühren Ihr Pferd an der äußeren Schulter. Versteht es Sie nicht, gehen Sie wieder einen oder mehrere Schritte zurück (s. „Bea Borelles Pferdetraining“, S. 86:Entwicklung der Distanz und seitliches Weichen, S. 97: Hinterhandwendung).

4 Wenn Sie wissen, dass die Bremse gut funktioniert, können Sie anfangen zu traben. Zuerst traben Sie nur wenige Tritte, denn umso leichter können Sie Ihr Pferd nach einem kurzen Stück wieder im Tempo reduzieren. Das Pferd muss sehr willig anhalten. Am schlimmsten wäre es, wenn die Bremse nicht funktioniert und Ihr Pferd sich unkontrolliert im Tempo entzieht oder gar durchgeht. (In der Bildsequenz trabt Tabea bereits ohne Zäumung.)

5 Wenn Sie das Traben und Anhalten sorgsam genug geübt haben und wissen, dass Ihr Pferd einen guten Grundgalopp hat, dann können Sie dazu übergehen, Ihr Pferd am Halsring galoppieren zu lassen. Reduzieren Sie anfangs das Tempo nach wenigen Galoppsprüngen zurück zum Trab, Schritt und Halt. Loben Sie das Pferd dafür mit viel Futter.

6 Nun werden Sie Volten und Schlangenlinien in der beschriebenen Form im Schritt und Trab üben. Erst wenn Sie auch diese Details sorgsam geübt haben und sich sicher genug fühlen, können Sie die Zäumung vom Pferd abnehmen und frei mit Halsring reiten. Überlegen Sie sich eine Shownummer mit Kostüm und planen Sie Ihre erste kleine Vorführung. Prima, schon wieder ein genialer Showeffekt!

Statue mit Klappersack

Nicht nur im Zusammenhang mit der aktuell eingeführten Gelassenheitsprüfung ist es eine sehr gute Idee, Pferde auf Scheusituationen vorzubereiten. Sie können damit auch feststellen, wie gelassen und geräuschfest Ihr Pferd schon ist. Die Lektionen mit Klappersack sind nützlich, da sie das Pferd sicherer und kompetenter machen. Es lassen sich daraus auch schöne Showeffekte entwickeln.

1 Zunächst geht es um das Umrunden des Pferdes mit dem Klappersack. Das Pferd steht im Stangenviereck. Sie füllen eine Getränkedose mit einigen Steinen, damit Sie beim Schütteln Geräusche erzeugen können. Als Erstes stehen Sie vor dem Pferd, zeigen ihm nur die Dose und beginnen dann ganz langsam mit Schüttelgeräuschen. Wenn Ihr Pferd ruhig bleibt, umrunden Sie es einmal mit leise klappernder Dose.

2 Sie nehmen einen Jutesack und berühren das Pferd damit am ganzen Körper. Das Pferd soll sich überall mit dem Sack abstreichen lassen. Es ist leicht, das an der Anbindestelle zu üben.

3 Dann nehmen Sie den Sack und erzeugen durch ein leichtes Schütteln des Sacks Geräusche. Nun umrunden Sie das Pferd lärmend.

4 Legen Sie die Getränkedose in den Sack und umrunden Sie damit, Geräusche erzeugend, das Pferd.

5 Füllen Sie nun mehrere Dosen, die ebenfalls mit kleinen Steinen gefüllt sind, in den Sack und wiederholen Sie das Umrunden mit ordentlichem Radau.

6 Wenn Sie sich des Gehorsams und der Ruhe des Pferdes sicher sind, können Sie den Klappersack, also die zusammengebundene Plastiktüte mit den Dosen, unter dem Bauch hindurch, später sogar über den Rücken des Pferdes werfen. Trainieren Sie dies zuerst mit einem Ball, auch damit Sie ein Gefühl dafür bekommen, mit welchem Schwung Sie werfen müssen. Falls Sie den Klappersack mit zu wenig Schwung über das Pferd werfen und er landet versehentlich auf dem Rücken, dann fügen Sie ihm einen deutlichen Schrecken zu.

1

Üben Sie diese Details also besser vorher „im Trockenen“ ohne Pferd, zum Beispiel an einem Zaun, damit Sie wissen, wie viel Schwung Sie zum Werfen benötigen.

7 Lassen Sie den Klappersack zu Boden gleiten und schleifen Sie ihn hinter sich her um das Pferd herum.

Je weniger vertraut das Pferd mit den einzelnen Gegenständen oder den Geräuschen ist, umso länger sollten Sie sich Zeit für diese Übung lassen und die einzelnen Schritte selbstverständlich auf mehrere Tage verteilen.

3

Kurz gesagt

Startbild: Das Pferd steht
Zielbild: Statue mit Klappersack-Werfen über den Pferderücken
Körpersprache: Pferd steht, Mensch geht
Stimmkommando: „Hooh, Halt“, „Steh“ oder ein Kommando Ihrer Wahl
Gertensignal: Abstreichen des ganzen Körpers. mit einer Gerte, Ruhigstellen des Kopfes durch touchieren
Wiederholungen: Zwei- bis dreimal oder auf das Pferd abgestimmt
Equipment: Vier Stangen, sechs Getränkedosen mit Steinchen gefüllt, ein stabiler Jutesack, ein Band zum Verschnüren des Sacks, ein Ball
Trainingsort: Halle, umzäunter Bereich
Vorbereitung: Anhalten und Warten üben
Lektion verhindern durch: Antreten lassen

4

Bewegungen mit Klappersack

Wenn die Statue mit Klappersack klappt, schlage ich Ihnen vor, sich mit Pferd und Klappersack zu bewegen. Ich mache diese Übungen durchaus auch, wenn ich mich mitten im Dressurtraining befinde, also beispielsweise meine Stute Tabea longiere und mit ihr die Grundausbildungslektionen erarbeite. Dann unterbreche ich das Longieren, hole mir den Klappersack und übe die folgenden Schritte.

1 Lassen Sie das Pferd den Sack beschnüffeln. Führen Sie Ihr Pferd in einem Abstand von 2 m an der Longe hinter sich und ziehen Sie den Klappersack am Boden schleifend mit sich, so dass er sich zwischen Ihnen und dem Pferd befindet. Sie werden feststellen, dass Ihr Pferd gar nicht ängstlich ist, sondern vielmehr neugierig dem Klappersack folgt. Diese Übung macht sehr viel Spaß und verleitet zum Ausprobieren. Gehen Sie kreuz und quer durch die Halle und halten Sie immer mal wieder kurz an. Bei sicherer Ausführung befestigen Sie die Longe am Pferd.

2 Steigern Sie das Tempo zum Trab und laufen Sie dabei seitlich vor dem Pferd. Es ist spannend zu sehen, wie Ihr Pferd jetzt reagiert. Wird es durch die nun lauteren Geräusche ängstlicher oder bleibt es gelassen neben oder hinter Ihnen? Zeigt das Pferd zu viel Angst oder Unsicherheit, dann stoppen Sie sofort und lassen es nur wenige Tritte traben. Gewöhnen Sie das Pferd langsam an die neue Situation. Freuen Sie sich darüber, wie viel tiefer

und vertrauensvoller Ihre Beziehung durch solche Übungen wird.

3 Eine ziemlich verwegene Übung habe ich mit Ben einstudiert, der frei rückwärts treten kann und gelassen mit dem Klappersack umgehen kann. Ich lege ihn unter Bens Bauch und ziehe das Seil, an dem der Klappersack befestigt ist, zwischen den Hinterbeinen nach hinten hindurch. Dann gebe ich Ben das Zeichen zum Rückwärtstreten. Er tritt rückwärts, während ich mich beeilen muss, rückwärts gehend den Klappersack mitzuziehen, damit er zwischen Bens Beinen verbleibt. Diese Übung hat einen enorm hohen Schwierigkeitsgrad, für die junge schreckhafte Tabea ist das eine noch undenkbare Aufgabe.

3

Kurz gesagt

Startbild: Statue mit Klappersack
Zielbild: Der Klappersack schleift zwischen den Hinterbeinen mit, das Pferd geht rückwärts
Körpersprache: Wechselt im Verlauf der Übung
a)bremsend seitlich neben und vor dem Pferd
b)treibend seitlich neben und hinter dem Pferd
Stimmkommando: Wechselt im Verlauf der Übung
a)„Hooh, Halt“, „Steh“ im Schritt
a)„Zurück“ oder andere Kommandos Ihrer Wahl
Gertensignal: Auf und ab, deutlich vor der Pferdenase
Wiederholungen: Zwei- bis fünfmal mal oder auf das Pferd abgestimmt
Equipment: Vier Stangen, sechs Getränkedosen mit Steinchen gefüllt, ein stabiler Jutesack, ein Band zum Verschnüren des Sacks, ein Ball
Trainingsort: Halle, umzäunter Bereich
Vorbereitung: In kontrolliertem Tempo Schritt und Trab sowie sofortiges Anhalten
Lektion verhindern durch: Anhalten, Ausweichen verhindern durch Abfangen der weichenden Schulter

3

Statue mit Regenschirm

Eine andere Variation der Statue ist der Umgang mit noch größeren Gegenständen als dem Klappersack, z.B. mit einem großen Regenschirm. Sie können es anschließend mit einer großen Traube Luftballons probieren. Ich schlage diese Übungen vor, damit Sie über ein gewisses Grundrepertoire verfügen, das Sie in unterschiedlicher Zusammensetzung in Shownummern einsetzen können. Das Training mit dem Regenschirm macht viel Spaß. Es zeigt Ihnen im Übrigen auch, ob Ihr Pferd wirklich sicher und ruhig auf alle möglichen optischen Erscheinungsbilder reagiert.

1 Zunächst stellen Sie das Pferd in die Statue, zeigen ihm den kleinen geschlossenen Regenschirm und umrunden es damit.

2 Als Nächstes berühren Sie das Pferd mit dem geschlossenen Regenschirm überall, so dass es Vertrauen gewinnt und lernt, dass dieser Gegenstand völlig harmlos ist.

3 Dann beginnen Sie den Regenschirm vor dem Pferd langsam zu öffnen und sein Erscheinungsbild immer weiter zu vergrößern, bis Sie ihn ganz aufspannen können. Nehmen Sie zuerst einen kleinen dunklen Regenschirm und wechseln Sie dann zum bunten großen Modell.

4 Der nächste Trainingsabschnitt ist, dass Sie den Regenschirm über den Körper des Pferdes halten und bewegen. Das ist für manche Pferde erschreckend, denn Einflüsse von oben bedeuten für Pferde Gefahr. Heben Sie den Regenschirm nur einen kurzen Moment über das Pferd und führen Sie ihn dann wieder zur Seite. Verlängern Sie diese Momente, bis Sie ihn in aller Ruhe auch über dem Kopf des Pferdes halten können.

5 Sie werden Ihr Pferd in der Bewegung mit dem Regenschirm vertraut machen, indem Sie es führen und dabei den geöffneten Regenschirm über Ihren und seinen Kopf halten, so als wenn es regnen würde.

6 Es folgt ein weiteres Element. Stellen Sie Ihr Pferd neben eine Aufsteighilfe oder einen großen Holzklotz, der so sicher steht, dass Sie sich darauf stellen können. Gewöhnen Sie das Pferd erst einmal daran, neben diesem Gegenstand stehen zu bleiben. Ist das gelungen, umrunden Sie das Pferd mit dem Regenschirm und halten Sie ihn über das Pferd.

7 Steigen Sie auf die Erhöhung und öffnen Sie den Regenschirm. Wenn dies sicher klappt, gehen Sie einen Schritt weiter. Sitzen Sie auf und öffnen den Regenschirm im Sattel

1

5

Kurz gesagt

Startbild: Statue
Zielbild: Mensch mit offenem Regenschirm auf dem Pferderücken stehend
Körpersprache: Pferd steht, Mensch bewegt sich
Stimmkommando: „Hooh, Halt", „Steh" oder ein Kommando Ihrer Wahl
Gertensignal: Abstreichen mit dem geschlossenen Regenschirm
Wiederholungen: Zwei- bis dreimal oder auf das Pferd abgestimmt
Equipment: Halfter oder Kappzaum, eine Longe, ein kleiner dunkler und ein großer bunter Regenschirm, Luftballons, 2 x 2 m große Folie
Trainingsort: Halle oder umzäunter Bereich
Vorbereitung: Anhalten und warten
Lektion verhindern durch: Antreten

sitzend. Diese Übung kann dann auch mit einem Regenponcho für schlechtes Wetter variiert werden, der ja auch ungewohnte Geräusche erzeugt.

8 Und nun zum nächsten Schritt: Versuchen Sie, ob Sie auf der Kruppe Ihres Pferdes stehen dürfen. Das müssen Sie sehr vorsichtig in die Wege leiten, vielleicht brauchen Sie beim ersten Ansatz – vor allem, wenn es sich um eine Stute handelt – auch einen Helfer, der das Pferd hält und füttert, während Sie sich über das ungesattelte Pferd legen. Verlagern Sie Ihre Position Stück für Stück weiter nach hinten in Richtung Kruppe.

5

9 Wenn Ihnen Schritt acht gelungen ist, sollten Sie als Nächstes versuchen, den Sattel nach hinten zu verlassen und sich dort hinzusetzen. Lassen Sie Ihren Helfer das Pferd einige Schritte führen. Dies ist eine wichtige Überprüfung, ob Ihr Pferd tatsächlich das ungewohnt weit hinten liegende Gewicht dauerhaft akzeptiert. Jetzt könnte es bei manchen Pferden dazu kommen, dass sie Ansätze zum Bocken machen. In der Regel sind diese Ansätze aber ganz, ganz sanft. In einem solchen Moment sollten Sie anhalten, Ihr Pferd streicheln und ruhig mit ihm reden, bis Sie es wieder antreten lassen. Vielleicht ist es aber auch ratsam, die Übung für diesen Tag abzubrechen und es am nächsten Tag erneut zu versuchen. Gleiten Sie immer weiter nach hinten, bis Sie schließlich die völlige Akzeptanz des Pferdes erreicht haben und auf der Kruppe sitzen können.

7

10 Wenn Sie das über mehrere Tage geübt haben und Ihr Pferd sicher und willig mitgemacht hat, dann können Sie aus dem Sitzen ins Knien kommen und daraus schließlich auch aufstehen. Je mehr Zeit Sie dieser Übung geben, desto sicherer wird Ihr Pferd. Außerdem müssen Sie selbst wahrscheinlich auch erst Ihre Balance schulen. Genügend Zeit ist bei dieser Übung der sicherste Weg zum Erfolg.

10 Jetzt kombinieren Sie die gelernten Einzellektionen. Sie wiederholen alle Regenschirmübungen, bis Sie wieder mit geöffnetem Regenschirm auf Ihrem Pferd sitzen. Schließen Sie den Regenschirm, rutschen Sie nach hinten bis zur Kruppe, erst knien Sie und erheben sich dann mit dem ungeöffneten Regenschirm ins Stehen. Bewegen Sie den Schirm hin und her und öffnen Sie ihn dann ganz langsam. Beenden Sie die Übung ebenso langsam und in Ruhe Schritt für Schritt: Regenschirm schließen, hinknien, hinsetzen, absteigen, großes Lob fürs Pferd!

Falls Sie diese Übung vielleicht schon vorher einmal gesehen haben und Sie gar nicht so faszinierend oder spektakulär fanden, werden Sie jetzt, wo Sie selbst einschätzen können, wie schwer sie ist, vor Stolz platzen!

Statue mit Eimern

Mit meiner Anglo-Araber Stute Monodie entwickelte ich aus der Statue eine Variante mit Eimern. Monodie konnte jedes einzelne Bein in einen separaten Eimer stellen, dann bin ich auf das Pferd gesprungen, habe mich auf die Kruppe gestellt und anschließend goss eine Helferin mit einer Gießkanne Wasser in die Eimer. Monodie blieb ganz gelassen, als das Wasser auffällig aus der Kanne in die Eimer gesprüht wurde.

Für diese kombinierte Übung brauchen Sie wahrscheinlich sehr viel Zeit, da jedes Element einzeln erarbeitet werden muss.

1 Das erste Element dieser Übung ist es, ein Pferdebein in den Eimer zu stellen. Begonnen wird wie immer mit der Statue und dem Zeigen der Gegenstände.

Dann stellen Sie den Eimer auf den Boden und lassen das Pferd daran schnuppern. Berühren Sie das Pferd mit dem Eimer an Vorderbeinen, Körper und Bauch, damit das Pferd merkt, dass eine Berührung nicht „tödlich" endet. Fordern Sie Ihr Pferd auf, ein Bein zu heben, nehmen Sie es in die Hand und stellen Sie es vor dem Eimer ab. Beim nächsten Mal führen Sie das Bein in den Eimer hinein.
Loben Sie Ihr Pferd überschwänglich!

Kurz gesagt

Startbild: Statue
Zielbild: Pferd mit vier Beinen in Eimern, Mensch auf der Kruppe stehend
Körpersprache: Pferd steht, Mensch geht
Stimmkommando: „Hooh, Halt", „Steh" oder ein Kommando Ihrer Wahl
Gertensignal: Abstreichen am ganzen Körper und an den Beinen entlang
Wiederholungen: Zwei- bis dreimal oder auf das Pferd abgestimmt
Equipment: Halfter, vier stabile Eimer, eine Gießkanne
Trainingsort: Halle oder umzäunter Bereich
Vorbereitung: Anhalten und stehen bleiben
Lektion verhindern durch: Antreten

2 Das Hineinsetzen der Hufe wird mit jedem Bein einzeln trainiert, bevor Sie schließlich einen zweiten Eimer nehmen und jeweils die Vorderbeine hineinstellen. Fügen Sie weitere Eimer hinzu, so dass Ihr Pferd zum Schluss je Bein in einem Eimer steht.

3 Üben Sie das Stehen auf der Kruppe, das auf S. 76 schon beschrieben wurde.

1

1

1

4 Trainieren Sie, dass Ihr Pferd Ihnen erlaubt, es mit Wasser an den Beinen zu besprengen. Wahrscheinlich kennt Ihr Pferd Schlauch und Wasser vom Putzplatz, jetzt nehmen Sie eine Gießkanne mit auf den Reitplatz und zeigen dem Pferd das Gießen des Bodens. Dann begießen Sie jeweils ein Vorderbein, anschließend die Hinterbeine.

5 Fassen wir die Übung zusammen. Die Einzelelemente sind: Pferd in Eimern stehend, Beine mit Wasser besprengen lassen, Mensch auf Kruppe stehend, Arbeit mit dem Regenschirm, in Eimern stehend Beine mit Wasser besprengen.

Sie kombinieren wechselweise zu zweit, zu dritt, zu viert die einzelnen Elemente.

Statue mit Plastikfolie

Eine letzte Übung, die ich zum Thema Statue vorschlagen möchte, ist das Einwickeln des Pferdes mit einer großen Plastikplane. Sie werden sich wundern, wie viel Arbeit diese Übung machen wird, aber Sie werden nach erfolgreicher Übung ein Pferd haben, das sehr viel sicherer mit großen Erscheinungsbildern umgehen kann.

Bitte nehmen Sie sich sehr viel Zeit im Einzelnen und üben Sie über viele Tage, damit die Übung nicht gefährlich wird. Führen Sie diese Übung nicht mit leicht erregbaren, explosiven Pferden aus, sondern nur wenn Ihr Pferd Ihnen schon oft seine Zuverlässigkeit oder Trägheit bewiesen hat.

Kurz gesagt

Startbild: Statue
Zielbild: Das Pferd ist in Plastikfolie eingehüllt.
Körpersprache: Pferd steht, Mensch geht
Stimmkommando: „Hooh, Halt", „Steh" oder ein Kommando Ihrer Wahl
Gertensignal: Abstreichen am ganzen Körper und entlang der Beine
Wiederholungen: Zwei- bis dreimal oder auf das Pferd abgestimmt
Equipment: Halfter, vier Stangen, eine Plastikfolie 1 x 1m, eine Plastikfolie 2 x 2m
Trainingsort: Halle oder umzäunter Bereich
Vorbereitung: Anhalten, warten
Lektion verhindern durch: Antreten

1 Es wird mit einem Betttuch begonnen, das Sie dem Pferd über den Rücken streifen. Danach setzen Sie die Arbeit, wenn Sie wollen, mit einer Plastikfolie fort. Sie zeigen dem Pferd ein Stück Folie und knistern damit. Sie umrunden damit schüttelnd das Pferd, das in der Statue verharrt, und berühren dann seinen Körper mit der Folie. Legen Sie die Folie auf dem Rücken ab.

2 Jetzt verwenden Sie ein größeres Stück Folie und wiederholen alle Schritte. Die Folie sollte so groß sein, dass Sie Ihr Pferd damit zudecken könnten. Legen Sie die Folie über den Rücken, so dass Ihr Pferd fast vollständig eingehüllt ist. Seien Sie bitte überaus vorsichtig, wenn Sie den Kopf und die Augen verdecken! Das ist erst mit ganz viel Vertrauen in Sie und in die Übung und vielleicht im späteren Ablauf möglich. Vorher kann es daraus zu gefährlichen Situationen kommen.

3 Ben kann ich ein großes Laken, das keine Knistergeräusche macht, komplett über den Körper legen, wir spielen damit „Gespenst". Zur Sicherheit halte ich in jedem Fall eine Führverbindung bei, damit mir Ben nicht weglaufen kann. Ich kann ihn somit bei mir behalten und das Tuch im Stressfall sofort herunterziehen. Falls Sie das Pferd frei stehen lassen, behalten Sie immer einen Zipfel der Plastikfolie in der Hand. Falls Ihr Pferd wegläuft, sollten Sie die Plane sofort vom Rücken des Pferdes entfernen können, so dass das Pferd nicht in Panik gerät, wenn es mit der Folie allein

3

3

unterwegs ist. Sie sehen, dass Sie je nach Phantasie, Wagemut oder Übermut auch zu Übungen kommen können, die nicht ganz ungefährlich sind. Dies abzuwägen überlasse ich Ihnen. Die sorgsame Vorbereitung liegt in Ihrer Hand. Wägen Sie alle möglichen Reaktionen und Gefahrensituationen ab, die bei dieser Übung entstehen können. Halten Sie in jedem Fall entweder das Pferd oder die Plane fest.

De facto ist es so, dass ich auch mit Ben regelmäßig die Übung mit dem Klappersack auffrischen muss. Das ist eine Übungen, bei der sein ursprünglich erregbares Temperament hervortritt. Durch regelmäßiges Training wird die Übung zuverlässig abrufbar. Das ist ganz anders als mit anderen Zirkuslektionen, die ich monatelang in der Schublade lassen kann und die trotzdem prompt funktionieren.

Zirkustraining für Mutige und Kletterer

Der Flattervorhang

Der Flattervorhang kann eine Vorbereitung darauf sein, ein Pferd durch etwas hindurchgehen oder -springen zu lassen. Das kann z.B. eine Papierfolie sein oder wie das Eröffnungsbild im Pferdemusical „Zauberwald“, in dem Pferde durch eine Mauer springen.

1 Als Erstes müssen Sie sich einen Flattervorhang bauen. Kaufen Sie in einem Baumarkt ca. 10 cm breites Absperrband und schneiden Sie es zu 30 Bahnen á jeweils 2 m Länge. Sie brauchen außerdem drei Dachlatten, zwei von ca. 2,5 m Länge und eine von ca. 2 m Länge. Bauen Sie die Latten zu einem U zusammen. An der oberen Latte befestigen Sie die Flatterbänder eng nebeneinander. Stellen Sie dieses Tor zwischen zwei Springständern sicher stehend auf. Je breiter Sie den Vorhang bauen, um so einfacher wird es. 2 ,5 m Breite sind für den Anfang prima, 1 m ist viel zu schmal. Vorsicht! Trainieren Sie nie unter windigen Bedingungen, denn der Flattervorhang könnte umfallen. Selbst in einer Halle müssen Sie ihn so sicher befestigen, dass er nicht umkippen kann. Teilen Sie die Flatterbänder in der Mitte, so dass die Bahnen wie ein Vorhang rechts und links am Ständer befestigt werden können und ein offener Durchgang entsteht.

2 Grundsätzliche Regel: Sie gehen immer innen! Wenn Sie also das Pferd auf dem Hufschlag rechter Hand führen, gehen Sie auf der rechten Pferdeseite und umgekehrt. Das ist eine Sicherheitsmaßnahme, die notwendig ist.

3 Führen Sie das Pferd zum Vorhang, halten Sie es an und senken Sie den Pferdekopf. Überprüfen Sie erstmal, wie sich Ihr Pferd diesem neuen Objekt gegenüber verhält. Wird es nervös, streichen Sie es mit der Gerte ab und lassen Sie das Pferd an der rechten und linken Seite des Vorhangs schnuppern. Lassen Sie das Pferd überprüfen, beurteilen, um schließlich zu akzeptieren.

4 Gehen Sie mit dem Pferd durch den Vorhang hindurch. Dazu wählen Sie die Basisführposition und gehen zügig durch das Hindernis. Ist es möglich, dann halten Sie hinter dem Vorhang an, loben und streichen Ihr Pferd mit der Gerte ab. Ist ein Anhalten nicht möglich, wiederholen Sie das Durchschreiten.

4

3

4

Kurz gesagt

Startbild: Pferd wird durch einen Flattervorhang geführt
Zielbild: Pferd springt durch Wand und über ein Hindernis
Körpersprache: Entsprechend wechselnde Führpositionen
Stimmkommando: „Allez, Sche-ritt", „Allez Te-rab" oder „Hooh, Halt", je nach Situation und Führposition
Gertensignal: Wechselt je nach Situation und Führposition
Wiederholungen: Zwei- bis dreimal oder auf das Pferd abgestimmt
Equipment: Ca. 60 m Absperrband, drei Dachlatten, zwei Springständer, vier Bahnen Folie 0,5 x 2 m, Papier 4 x 4 m, Cavaletti, Fänge
Trainingsort: Halle
Vorbereitung: Kontrolliertes Tempo in allen Gangarten, sofortiges Anhalten, Springen über Cavalettis oder höhere Hindernisse
Lektion verhindern durch: Siehe Vorbereitung, Statue

5 Lassen Sie das Pferd vor dem Vorhang stehen, verlängern Sie die Führleine und gehen zuerst durch den Vorhang hindurch. Das Pferd soll warten, bis Sie das Signal geben, dass es Ihnen folgen soll. Vergleichen Sie dazu die Führposition der Distanz in meinem Buch „Bea Borelles Pferdetraining" auf S. 85.

6 Steigern Sie nun jeden Tag den Schwierigkeitsgrad. Lassen Sie immer mehr Vorhangstreifen fallen, so dass der offene Bereich in der Mitte immer enger wird, bis der Vorhang

6

5

6

6

komplett geschlossen ist. Sollte Ihr Pferd vor der Berührung mit den Plastikstreifen Angst haben, dann brechen Sie die Übung an der Stelle erst mal ab. Gewöhnen Sie das Pferd an Berührungen mit Tüchern, anschließend mit Plastiktüten und mit größeren Plastikstreifen, damit es lernt, den raschelnden Gegenständen zu vertrauen. Dann stellen Sie das Pferd vor den Vorhang und verknüpfen diese beiden Details, sprich, Sie streichen es dort mit den Plastikstreifen ab und lassen es dann durch den Vorhang treten.

7 Probieren Sie, es rückwärts durch den Vorhang treten zu lassen. Wenn Ihr Pferd dazu in der Lage ist, beweist es, dass es die Sache 100%ig einschätzen kann und keinerlei Angst mehr davor hat. Gehen Sie vorwärts ein Stückchen durch den Vorhang und sofort wieder langsam zurück. Das wiederholen Sie, wobei Sie immer weiter durch den Vorhang treten. Das machen Sie so lange, bis Ihr Pferd ganz durch den Vorhang hindurchtritt und widerstandslos auch zurück.

7

7

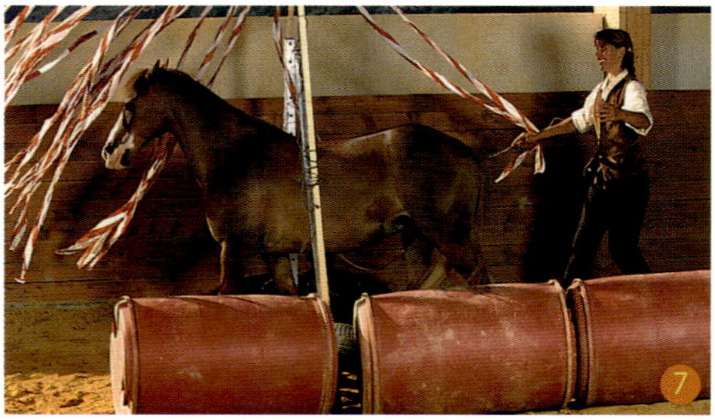

7

8 Besorgen Sie sich nun feste Plastikfolie. Schneiden Sie die Folie in 50 cm breite Streifen von 2 m Länge und befestigen vier Bahnen an Ihrer Konstruktion. Wenn Ihr Pferd dort hindurchgeht, kleben Sie jeweils zwei Streifen zusammen, so dass es nur noch eine einzige Lücke zum Durchgehen gibt.

9 Jetzt ist der Schritt, das Pferd durch eine Papierwand zu schicken, gar nicht mehr schwer. Die einzige Schwierigkeit an der Aufgabe ist, dass Sie eine Konstruktion bauen müssen, die dabei sicher steht. Wahrscheinlich brauchen Sie für den Bau der Konstruktion sogar mehr Zeit als fürs Einüben der Lektion mit Ihrem Pferd. Probieren Sie die Standfestigkeit der Konstruktion vorher auf alle Fälle ohne Pferd aus. Für den Bau benötigen Sie Papierbögen von 4 x 4 m. Diese Papierbögen sollten in der Mitte eine Perforierung haben, damit sie an der Mittelstelle leicht einreißen. Sie können dann beginnen, das Pferd dort hindurchgehen zu lassen.

10 Bauen Sie an einer anderen Stelle einen Sprung auf, in einer Höhe, die das Pferd ernst nimmt. Bauen Sie sich Fänge auf, um das Pferd zum Hindernis zu führen. Kombinieren Sie beide Details miteinander. Stellen Sie den geöffneten Vorhang vor das Hindernis und schließen Sie ihn immer weiter, bis das Pferd durch den geschlossenen Vorhang springt. Bitte beachten Sie die sichere und stabile Konstruktion.

Paletten oder Podest

Auch die Übung mit Paletten und Podest habe ich in meinem Buch „Bea Borelles Pferdetraining“ schon einmal beschrieben. Verbessern Sie mit Sorgfalt die Paletten so, dass sie stabil genug sind und weiche Kanten haben.
Viele Kollegen empfehlen die Lektion Bergziege, bei der sich die Hinterhand der Vorhand annähert. Es heißt, durch die Verkleinerung der Standfläche werde das Pferd gymnastiziert. Andererseits ist diese Übung die Vorbereitung, auf einem kleinen Podest stehen zu können und sich hinzulegen. Ich selbst halte das aber für einen überflüssigen Umweg. Die Bergziege für sich allein zu trainieren, ist bei der Arbeit mit Paletten gar nicht notwendig, denn sie ergibt sich automatisch, weil sich die Standfläche im Laufe des Trainings nach und nach verkleinert. Wenn Sie diese Lektion in einer Show präsentieren wollen, können Sie sich ein Podest bauen, das Ihren Anforderungen entspricht. Grundsätzlich sollten Sie eine Höhe wählen, die Sie noch verantworten können. Das Pferd darf sich weder bei einem unerwarteten Herunterspringen noch durch eine große Spreizbewegung der Hinterbeine versehentlich verletzen oder verrenken.

1 Minimum vier Paletten werden zu einem Quadrat zusammengelegt. Das Pferd kann sie sich ansehen, daran schnuppern und wird dann in einer nahen Führposition (Basisführposition) über die Paletten geführt. Hinter dem Hindernis halten Sie an und loben es. Beim nächsten Durchlauf wird es vor, auf und hinter den Paletten angehalten. Während des Haltens werden die Beine mit der Gerte abgestrichen und das Pferd mit ruhiger Stimme gelobt. Dann wird das Pferd im gleichen Ablauf nach dem Halten auf den Paletten eine Pferdelänge rückwärts geführt. Wenn Ihr Pferd sich nicht auf die Paletten traut, versuchen Sie es mit Futter zu locken. Legen Sie sechs oder neun Paletten zu einem Laufsteg oder Quadrat. Vielleicht hat Ihr Pferd in eine größere Fläche mehr

Kurz gesagt

Startbild: Pferd steht auf nebeneinander liegenden Paletten
Zielbild: Pferd steht auf zwei bis drei aufeinander gestapelten Paletten
Körpersprache: Mensch stellt sich auf das Podest und treibt das Pferd an
Stimmkommando: „Allez, Hopp“
Gertensignal:
1 Auf der Kruppe zum Antreiben
2 Auf der Schulter zum Weichen
3 An der äußeren Schulter zum abfangen
Wiederholungen: Mehrmals, abgestimmt auf das Pferd
Equipment: 6 Paletten
Trainingsort: Halle oder umzäunter Bereich
Vorbereitung: Über Plastikplane, Brett, Wippe oder Teppich gehen
Lektionen verhindern durch: Wegtreiben oder antreiben, anhalten, Schulter weichen oder Abfangen

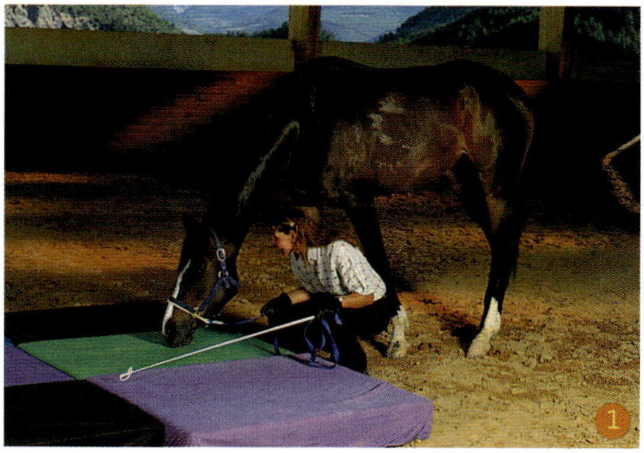
1

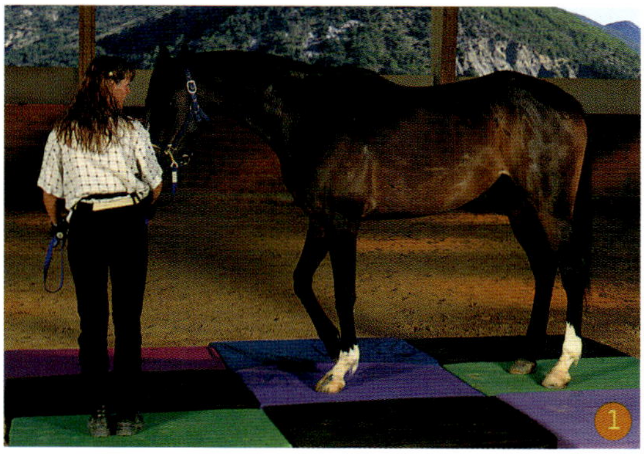
1

Vertrauen. Anschließend werden die Paletten doppelt übereinander gelegt. Das Pferd muss nun höher steigen. Der Ablauf erfolgt wie zuvor. Wenn Ihr Pferd nicht auf die übereinander gelegte Paletten aufsteigen will, dann legen Sie diese zu einem Laufsteg. Dieser beginnt mit einer Palette, dann kommen zwei und drei übereinander und es geht wieder abwärts.

2 Jetzt wird mit einer Palette weitergearbeitet. Da die Fläche sich verkleinert hat, darf das Pferd nicht mehr auf die Idee kommen, nach vorne wegzulaufen oder gar über die kurze Fläche drüberzuspringen oder zutreten. Ab jetzt muss das Pferd „rückwärts denken" und immer bremsbereit sein. Das erreichen wir, indem wir das Pferd wie die Westernreiter häufig rückwärtsrichten: Wir richten das Pferd mehrmals hintereinander aus dem Schritt über das Anhalten zurück. Wiederholen Sie diese Übung einige Male und lassen das Pferd danach erst nur mit den Vorderbeinen auf die Palette steigen. Richten Sie es danach gleich wieder zurück – ohne das ausgiebige Lob an dieser Stelle zu vergessen –, um die Kernidee zu wahren. Schließlich lassen Sie es ganz aufsteigen. Das Ergebnis dieser Vorübungen ist das Anhalten auf der Palette. Lässt sich Ihr Pferd nur ungern anhalten, dann üben Sie Schritt eins und zwei und versuchen dabei, das Pferd mit einer Futterschüssel an jeder beliebigen Stelle zu stoppen.

3 Legen Sie zwei Paletten übereinander und führen Sie Ihr Pferd nur mit den Vorderbeinen auf den Paletten zum Halt.

Anschließend geht es wieder rückwärts. Wiederholen Sie dies auf allen vier Seiten der Palette. Im nächsten Schritt soll das Pferd ganz auf die Paletten steigen.

Dirigieren Sie die Pferdebeine einzeln hinauf, alles muss in Ruhe und langsam passieren, denn sonst findet das Pferd nicht die nötige Balance.

Auf den gestapelten Paletten wird angehalten, gelobt und rückwärts wieder abgestiegen, ebenso langsam und Bein für Bein wie beim Hochsteigen.

4 Wenn Sie Ihr Pferd daran gewöhnt haben, sicher und ruhig auf das Podest zu steigen, kann das als solches schon ein schöner Showeffekt sein. Lassen Sie das Pferd rückwärts absteigen, da es für die Lende schonender ist.

5 Sie können das Pferd auch mit der Vorhand auf dem Podest stehen lassen und die Hinterhand um das Podest herumbewegen. Ich lehne es ab, das Pferd mit der Hinterhand auf das Podest zu stellen und die Vorhand kreisen zu lassen, da das dem Kreuzbein nicht gut tut.

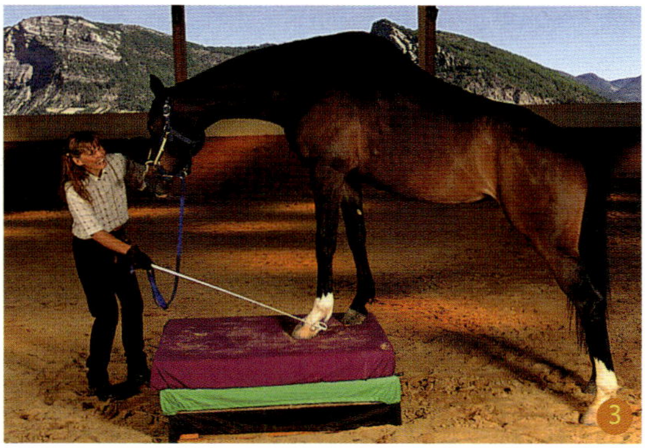

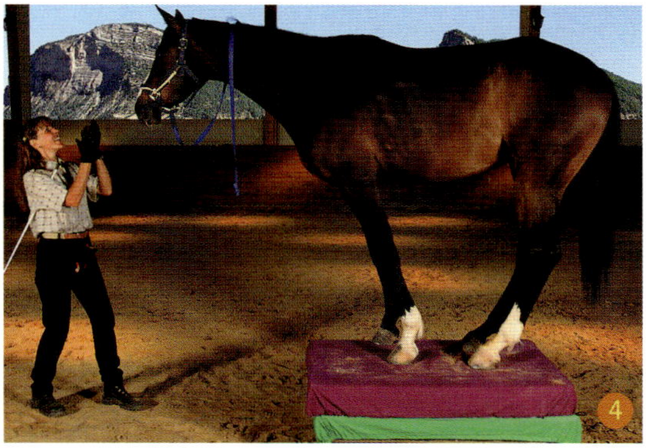

Balancieren auf dem Brett

Ben habe ich so weit ausgebildet, dass er über ein erhöhtes, schmales Brett von nur 20 cm Breite balancieren kann. Das ist ein sehr schönes Schaubild. Für große, schwere Pferde ist diese Übung jedoch nicht geeignet.

1

1 Zuerst legen Sie je zwei schmale, aber massive, tragfähige Bretter nebeneinander auf den Boden und noch einmal zwei dahinter. So entsteht eine relativ lange und breite Fläche. Zu dieser Übung verwende ich mein Wippenbrett auf dem Boden. Führen Sie Ihr Pferd heran und lassen Sie es zuerst schauen und schnuppern. Führen Sie es anschließend zuerst in der Basisführposition und dann in der Führposition der Distanz über die Bretter. Halten Sie vor, auf und hinter dem Brett an.

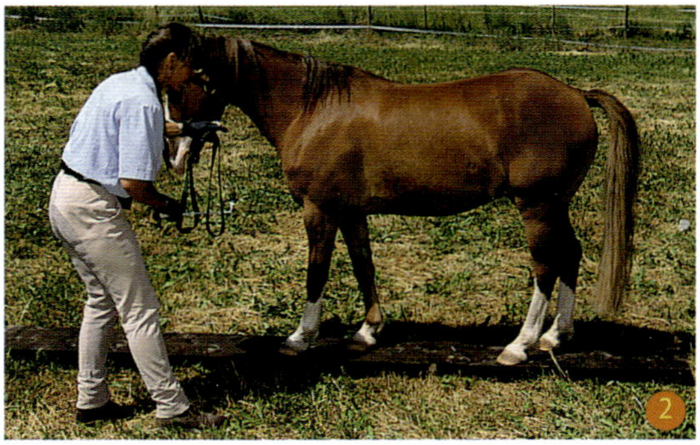
2

2 Wenn das klappt, verschmälern Sie den Weg und entfernen eine Reihe der Bretter. Führen Sie Ihr Pferd nun über das Brett und machen Sie ihm klar, dass es darauf bleiben soll. Jeder Schritt muss langsam und bewusst gesetzt werden. Wenn Ihr Pferd nicht auf dem Brett bleibt, legen Sie jeweils Stangen daneben, damit Ihr Pferd auch optisch erkennt, wo es langgeht. In dieser Situation befinden Sie sich neben dem Kopf des Pferdes und halten es ganz kurz an der Führleine („Bea Borelles Pferdetraining“, S. 95). Sie selber gehen rückwärts und halten die Leine mit den „Hasenohren“. Selbstverständlich muss es sich um ein sehr stabiles Brett handeln.

3

3 Erhöhen Sie das Brett durch das Unterlegen von Paletten. Das Pferd kann auf die Palette ausweichen, falls es die Balance verliert, aber Ziel der Übung ist es, dass es sich nur auf dem Brett bewegt.

4

4 Legen Sie die Paletten vorne und hinten unter das Brett, so dass die Brettmitte frei über dem Boden schwebt. Jetzt muss das Pferd wirklich balancieren, um ans andere Ende zu kommen. Probieren Sie es aus, diese Übung braucht viel Geduld und Wiederholungen.

Kurz gesagt

Startbild: Pferd geht über ein Brett am Boden
Zielbild: Pferd balanciert über ein erhöhtes Brett
Körpersprache: Wie beim Rückwärtsrichten geht das Pferd vorwärts, der Mensch geht seitlich vom Pferd rückwärts; Führposition siehe Bea Borelles Pferdetraining S. 75
Stimmkommando: „Hooh im Schritt" oder ein Kommando Ihrer Wahl
Gertensignal: Ruhiges Auf und Ab der Gerte um zu bremsen, langsames Vorziehen der Gerte
Wiederholungen: Zwei oder mehrmals, abgestimmt auf das Pferd
Equipment: Vier schmale Bretter (3 m lang, 20 cm breit (oder Brustbreite Ihres Pferdes), mindestens 4 cm stark), zwei bis vier Paletten
Trainingsort: Halle oder umzäunter Bereich
Vorbereitung: Durchschreiten einer engen Stangengasse, Schreiten auf einer schmalen Teppich- oder Plastikbahn

5 Wenn alles klappt, können Sie Ihr Pferd zwischendurch anhalten und sogar rückwärts treten lassen. Das ist eine unvorstellbare Leistung, da das Pferd ein enormes Körpergefühl und Vertrauen haben muss und die Geduld, den Weg nach rückwärts zu erfühlen.

Balancieren auf einer Stange

Sie sind wahrscheinlich nun auf den Geschmack gekommen und erkennen die Spannung und den Spaß für sich und sind von dem verbesserten Körpergefühl Ihres Pferdes fasziniert. Machen wir doch jetzt einen Seiltänzer aus Ihrem Pferd!

Ben kann mit der Vorhand auf einer Springstange entlangbalancieren. Das macht er inzwischen auch frei, ohne dass ich ihn dabei führen muss. Ich muss nur darauf achten, dass er sich nicht zu sehr engagiert und zu schnell wird, denn dann vermasselt er die Übung und muss absteigen.

1 Als Erstes ziehen Sie eine Rinne in der Länge der Stange in den Boden und legen die Springstange dort hinein. Sie häufeln den Sand so dicht an die Stange, dass diese nicht ins Rollen gerät.

Zunächst sollte Ihr Pferd lernen, über die Stange zu treten und sich mit dieser Situation vertraut zu machen. Nachdem es gelernt hat, mit zunächst einem Huf, und dann mit zwei, drei und vier Hufen über die Stange zu treten, lernt es, seitlich über dieser zu gehen.

2 In der nächsten Phase lässt das Pferd die Stange längs unter sich. Sie werden sich wundern, wie schwierig diese Übung ist und wie viel Zeit Sie dafür brauchen. Ben hat die Übung durch seine große Erfahrung relativ schnell begriffen. Tabea hingegen hat dafür sehr viel länger gebraucht. Sie weicht immer wieder mit der Hinterhand aus, weil ihr die Stange unter ihrem Bauch, quasi im toten Winkel liegend, unheimlich ist. Wiederholen Sie gelassen, bis sich der Lernerfolg einstellt.

3 Besorgen Sie sich ein Brett und lassen Sie Ihr Pferd mit den Vorderbeinen auf das Brett treten und seitwärts gehen. Die Vorderhufe sollen bei jedem Schritt auf dem Brett bleiben. Das erfordert ein sehr ruhiges und vorsichtiges Dirigieren, damit das Pferd ein Vorderbein zur Seite bringt, das andere kreuzt und auf dem Brett absetzt. Üben Sie in beide Richtungen.

4 Sie tauschen das Brett wieder gegen die Springstange aus. Das Pferd hat jetzt noch viel weniger Raum zum Auftreten als vorher und muss genau zielen, um das Vorderbein präzise aufzusetzen. Probieren Sie zuerst nur das Stehen auf der Stange, dann auch einen Schritt seitwärts. Das Pferd muss dazu seine Vorderbeine exakt überkreuzen. Steigern Sie das Schritt für Schritt von Tag zu Tag.

5 Vielleicht können Sie die Übung bis auf Bens Niveau steigern: Er balanciert vorwärts auf der Stange entlang. Dabei läuft er mit den Vorderbeinen auf der Stange, die sich dann zwischen den Hinterbeinen befindet. Eine seiltänzerische Leistung vollbringt er, wenn er mit den Vorderbeinen auf einem hochgestellten Cavaletti seitwärts balanciert.

2

2

Kurz gesagt

Startbild: Das Pferd geht seitwärts über eine Stange
Zielbild: Das Pferd balanciert mit der Vorhand seitwärts über ein e Stange
Körpersprache: Wie beim Rückwärtsrichten geht das Pferd vorwärts, der Mensch geht seitlich vom Pferd rückwärts; (Führposition siehe „Bea Borelles Pferdetraining" S. 75)
Stimmkommando: „Hooh im Schritt" oder ein Kommando Ihrer Wahl
Gertensignal: Ruhiges Auf und Ab der Gerte, um zu bremsen, langsames Vorziehen der Gerte
Wiederholungen: Zwei- oder mehrmals, abgestimmt auf das Pferd
Equipment: Ein schmales Brett, eine Stange, ein Cavaletti
Trainingsort: Halle oder umzäunter Bereich
Vorbereitung: Führposition der Entspannung (siehe „Bea Borelles Pferdetraining" S. 71 und 75), langsamer kontrollierter Schritt in Zeitlupentempo
Lektion verhindern durch: Energisch vorwärts treiben, anhalten

Zirkustraining für Komiker

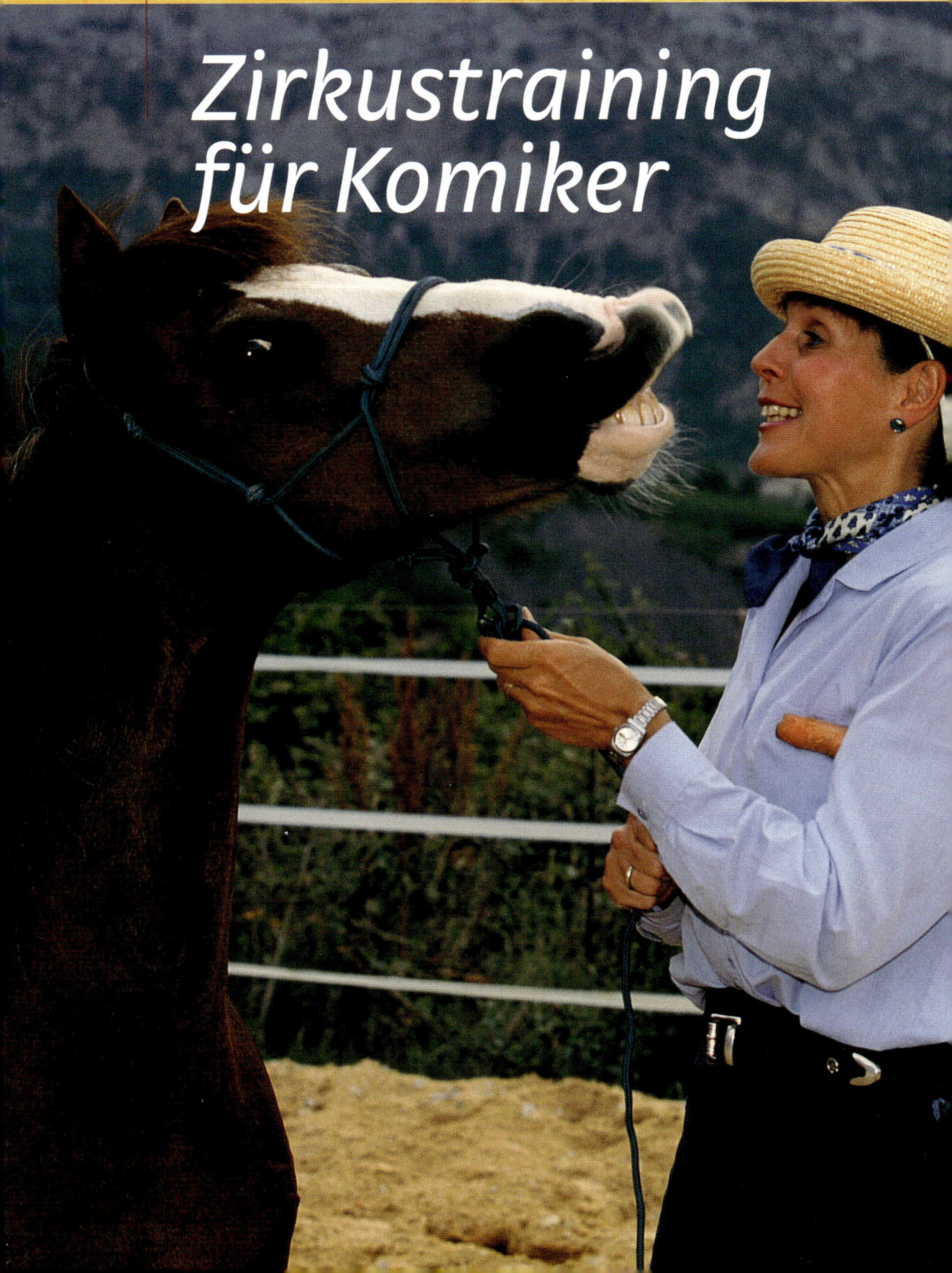

Beine kreuzen

An dieser Stelle möchte ich noch einmal erwähnen, dass viele meiner Kolleginnen und Kollegen großartige Lieferanten für neue Ideen sind. Sie werden bald feststellen, das auch Sie ein großes Interesse entwickeln, Festivals und Shows zu besuchen, um Ideen zu „klauen".
Es war Nathalie Penquitt, bei der ich das Überkreuzen der Vorderbeine vor über 15 Jahren zum ersten Mal gesehen habe.

1 Ihr Pferd beherrscht als Basisübung die Statue, lässt sich an den Beinen berühren und auch in der Schulter verschieben. Das heißt, es weicht mit der Vorhand nach links oder rechts.

Üben Sie mit Ihrem Pferd die Hinterhandwendung, dabei bleibt die Hinterhand stehen und die Vorhand wendet. Der erste Schritt der Hinterhandwendung entspricht genau der Überkreuz-Situation. Nachdem Sie also mehrfach eine Hinterhandwendung abgefragt haben, fordern Sie Ihr Pferd erneut dazu auf. Sie befinden sich dazu auf der linken Seite des Pferdes mit dem Gesicht zu dessen Schweif gerichtet. Sie halten die Führverbindung mit den „Hasenohren" und das Pferd ganz dicht am Halfter. Dann touchieren Sie mit der Gerte die linke Schulter, um Ihr Pferd zum Ansatz einer Hinterhandwendung zu bewegen. Direkt auf die Bewegungsreaktion des Pferdes führen Sie Ihre Gerte, die Sie wie einen Degen in der Hand halten, unter dem Pferdehals an die rechte Schulter, um die Bewegung sofort wieder zu stoppen. Dabei wird Ihr Pferd nicht unbedingt genau im gekreuzten Moment innehalten, sondern bestimmt das rechte Bein nachsetzen. Zumindest haben Sie Ihr Pferd schon mit dem abbremsenden Signal vertraut gemacht. Wiederholen Sie diesen Vorgang, damit das Pferd ihn verstehen lernt und umsetzt. Sie halten die Bewegung am besten an, indem Sie Ihrem Pferd sofort in der Phase der überkreuzten Beine Futter anbieten. Viele Pferde verharren dabei in der überkreuzten Position. Falls es bei Ihnen auf diese Weise nicht klappt, gehen Sie einen anderen Weg.

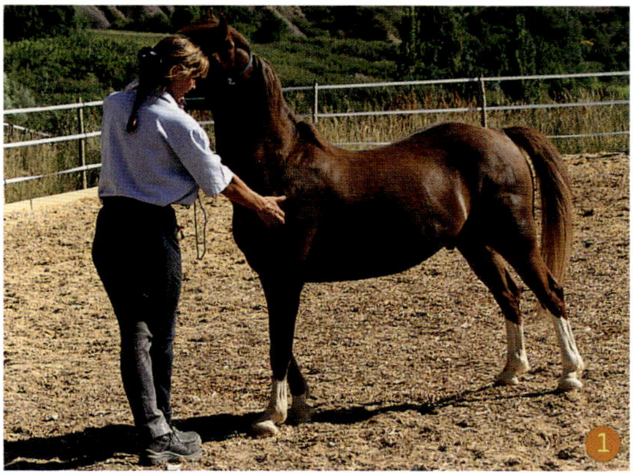
1

1

Kurz gesagt

Startbild: Das Pferd macht eine Hinterhandwendung
Zielbild: Das Pferd überkreuzt die Beine
Körpersprache: Auf das Pferd zugehen, dem Pferd zugewandt
Stimmkommando: „Seit" oder ein Kommando Ihrer Wahl
Gertensignal: Touchieren in der Mitte des Schulterblattes
Wiederholungen: Zwei- oder mehrmals, abgestimmt auf das Pferd
Equipment: Halfter, Führleine, Gerte
Trainingsort: Halle oder umzäunter Bereich
Vorbereitung: Hinterhandwendung
Lektion verhindern durch: Antreten lassen, anhalten, Statue

2 Jetzt hocken Sie sich vor das Pferd, direkt unter seinen Hals – das setzt aber voraus, dass Sie in keinem Fall Attacken zu befürchten haben. Sie touchieren mit den Fingerkuppen das linke Schulterblatt und führen dann mit der Hand das linke Pferdebein so zur Seite, dass es überkreuzt. Damit es diese Position hält, streichen Sie das Bein sanft ab, vielleicht halten Sie es auch fest und geben just in dem Moment Futter. Viele Pferde vergessen dabei, mit dem rechten Bein wegzutreten, und halten den Zustand der gekreuzten Beine, wie in Punkt eins beschrieben.

3 Nun geht es lediglich darum, diesen Vorgang häufig genug zu üben, bis das Pferd nur durch das touchierende Signal an der Schulter (siehe Phase eins) beginnt, zu überkreuzen, ohne dass Sie das Bein führen müssen. Wenn das der Fall ist, können Sie sich wieder aufrichten, stellen sich seitlich neben das Pferd und geben das Zeichen mit dem Gertenknauf.

4 Anschließend könnten Sie in eine größere Distanz zum Pferd gehen und die linke Schulter mit der Gertenspitze touchieren. Jetzt können Sie damit beginnen, das Kreuzen mit dem eigenen Kreuzen Ihrer Beine zu begleiten, so dass das schließlich das Signal für diese Übung wird.

5 Zuletzt wählen Sie die Position, in der Sie bei dieser Lektion zum Pferd stehen wollen. Zuerst standen Sie nämlich seitlich vom Pferd entgegen der Blickrichtung des Pferdes. Dann haben Sie sich seitlich vor das Pferd gestellt und Ihrerseits mit den kreuzenden Beinbewegungen begonnen. Je mehr Ihr Pferd nun die Übung automatisiert, um so mehr können Sie Ihre eigene Position verändern. Sollte Ihr Pferd die kreuzende Position aufgeben, geben Sie mit der rechten Hand ein Zeichen an die Schulter. Als Ihr Blick zum Pferd gerichtet war, haben Sie das rechte Bein vor das linke kreuzen lassen und Ihr Pferd hat sein linkes Bein vor das rechte gekreuzt. Jetzt in der Position neben ihm, in die gleiche Richtung blickend, kreuzen Sie das linke Bein über das rechte – so wie Ihr Pferd. Dieser Trick bringt viele zum Lachen, der nächste aber noch mehr!

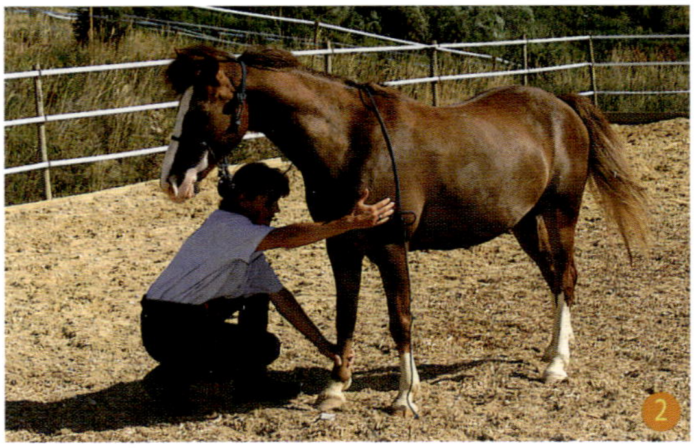
2

2

5

Teppich ausrollen

Haben Sie Spaß daran, dass Ihr Pferd durch stupsende Bewegungen einen Teppich aus- und wieder einrollt? Dann legen Sie los.

1 Zunächst einmal darf das Pferd keine Angst vor dem Teppich haben und soll gerade darüber schreiten können.

Das können Sie üben, indem Sie einen Teppich ausrollen und links und rechts davon zwei Plastikstreifen legen, die den Teppich einrahmen. Sollte es nicht gelingen, das Pferd darüber zu führen, entfernen Sie den Teppich aus der Mitte und lassen das Pferd nur zwischen den zwei Plastikbahnen hindurchgehen, bis es sich sicher fühlt. Legen Sie die Plastikstreifen genügend weit auseinander, dann wird es mit Sicherheit klappen. Dann legen Sie die Streifen von Mal zu Mal enger zueinander. Das Pferd soll sich beim Durch- oder Drüberlaufen im Tempo kontrollieren und jederzeit anhalten lassen.

Lässt sich das Pferd in der Plastikgasse rückwärts richten, zeigt es, dass es die Übung verstanden und akzeptiert hat. Jetzt legen Sie den Teppich zurück in die Mitte zwischen die Plastikstreifen und üben, bis Ihr Pferd schnurstracks über den Teppich geht. Wenn das Ziel erreicht ist, können Sie die Plastikstreifen beiseite nehmen.

Kurz gesagt

Startbild: Das Pferd geht über einen Teppich
Zielbild: Das Pferd rollt einen Teppich aus und ein
Körpersprache: Wie beim Rückwärtsrichten geht das Pferd vorwärts, der Mensch geht seitlich vom Pferd rückwärts
Stimmkommando: „Hooh im Schritt“ oder ein Kommando Ihrer Wahl
Gertensignal: Ruhiges Auf und Ab der Gerte um zu bremsen, langsames Vorziehen der Gerte
Wiederholungen: Zwei- oder mehrmals, abgestimmt auf das Pferd
Equipment: Einen schmalen Teppich (ca. 2 m lang), 2 m lange Folienstreifen
Trainingsort: Halle oder umzäunter Bereich
Vorbereitung: Kontrolliertes Zeitlupentempo im Schritt
Lektion verhindern durch: Antreten, anhalten, Statue

2 Legen Sie nun im Abstand von etwa 15 cm Futter auf den Teppich, so dass Ihr Pferd „staubsaugerartig“ die Futterbrocken auffressen und so über den Teppich gehen muss. Wiederholen Sie diese Übung etliche Male. Ihr Pferd muss immer denken: „Auf dem Teppich finde ich Futter.“

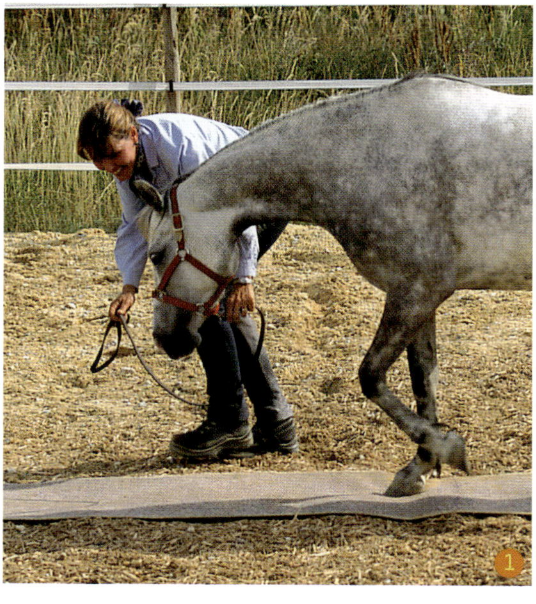
1

2

3 Dann rollen Sie Futter in den Teppich ein. Etwa alle 10 cm ein Leckerli sollte für den ersten Übungsschritt reichen. Lassen Sie ungefähr 50 cm Teppich offen am Boden liegen und legen Sie darauf einige Futterwürfel aus. Verstecken Sie Futter direkt unter der eingerollten Kante. Als Erstes wird das Pferd das offen liegende Futter nehmen, danach dann hoffentlich auch den leckeren Geruch unter der Kante wahrnehmen und versuchen, daran zu kommen. Erreichen kann es das Futter nur durch Stupsbewegungen am Teppichrand. Damit hat es den ersten Schritt getan.

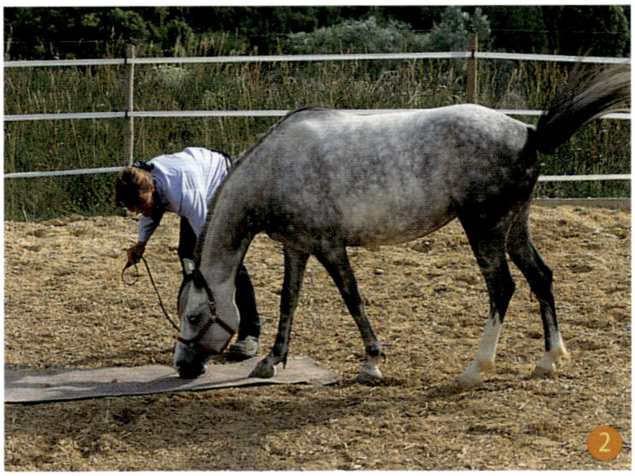

4 Manche Pferde fressen nur das sichtbare Futter und interessieren sich nicht mehr für den Rest. Sie riechen also das andere Futter nicht und suchen deshalb auch nicht danach. Beginnen Sie deshalb das Training also einmal morgens vor der Fütterung oder abends, wenn Ihr Pferd hungrig ist – das beschleunigt die Sache in jedem Fall. Wenn Ihr Pferd die erste stupsende Bewegung getan hat, dann sollte kurz dahinter die nächste Futtergabe liegen, der Abstand zur Kante sollte also günstig genug gewählt sein. Sollte es sich nicht mehr dafür interessieren, weiterzustupsen, dann legen Sie Futter unter die Kante, bis es erneut anfängt zu suchen und zu stupsen.

Sehr bald wird Ihr Pferd die Übung begriffen haben und mit Anstupsen den ganzen Teppich abrollen. In der nächsten Zeit werden Sie das immer mit den gleichen Futtermengen üben. Ihr Pferd wird begeistert sein, denn es lohnt sich, diesen Teppich auszurollen. In der Erwartung, dass es viel zu fressen gibt, wird es immer engagierter an die Sache herangehen. Wenn Sie das erreicht haben, können Sie die Futtermenge wieder reduzieren. Ihr Pferd wird trotzdem bestrebt sein, durch heftigere Stupsbewegungen den Teppich abzurollen.

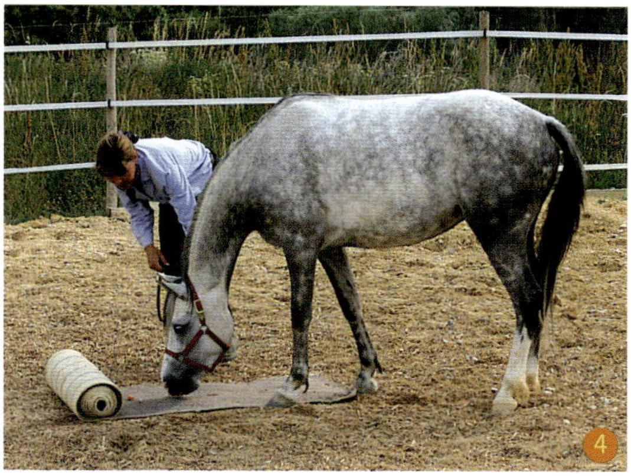

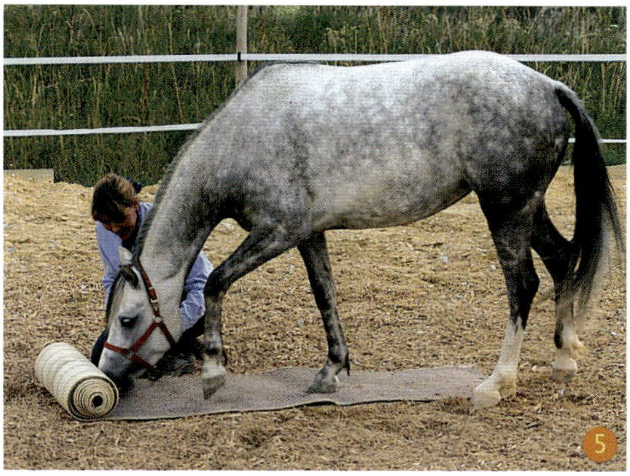

5 Schließlich wird die Übung so gut, dass Sie im Prinzip gar kein Futter mehr einzurollen brauchen. Ihr Pferd wird automatisch stupsen, wenn es kein Futter findet, wird es stattdessen ein Leckerli aus Ihrer Hand bekommen. Achten Sie auf die Fütterungsdisziplin, Sie bestimmen den Ort der Futtergabe! Machen Sie das Pferd durch entsprechende Gesten auf den Teppich aufmerksam, damit es das Ausrollen fortführt. Es wird dann das Futter wieder aus Ihrer Hand bekommen. Nach und nach können Sie Ihr Pferd, ohne es zu füttern, auffordern, den Teppich weiter abzurollen. Dieser Automatismus führt später dazu, dass das Pferd den Teppich auch wieder durch Anstupsen aufrollt, denn die Bewegung ist beim Auf- und Abrollen ja gleich.

6 So, damit wäre das Ausrollen fertig. Ein schöner Showeffekt wäre beispielsweise, wenn Ihr Pferd Ihrer reitenden Freundin vor der Show bei Betreten des Vorführrings den roten Teppich ausrollen würde. Oder was halten Sie von einer Teppichausroll-Ralley? Da gab es schon einmal ein Seniorenteam, das die Aufgabe sehr gemächlich ausführte. Meine Güte, war das ein Spaß!

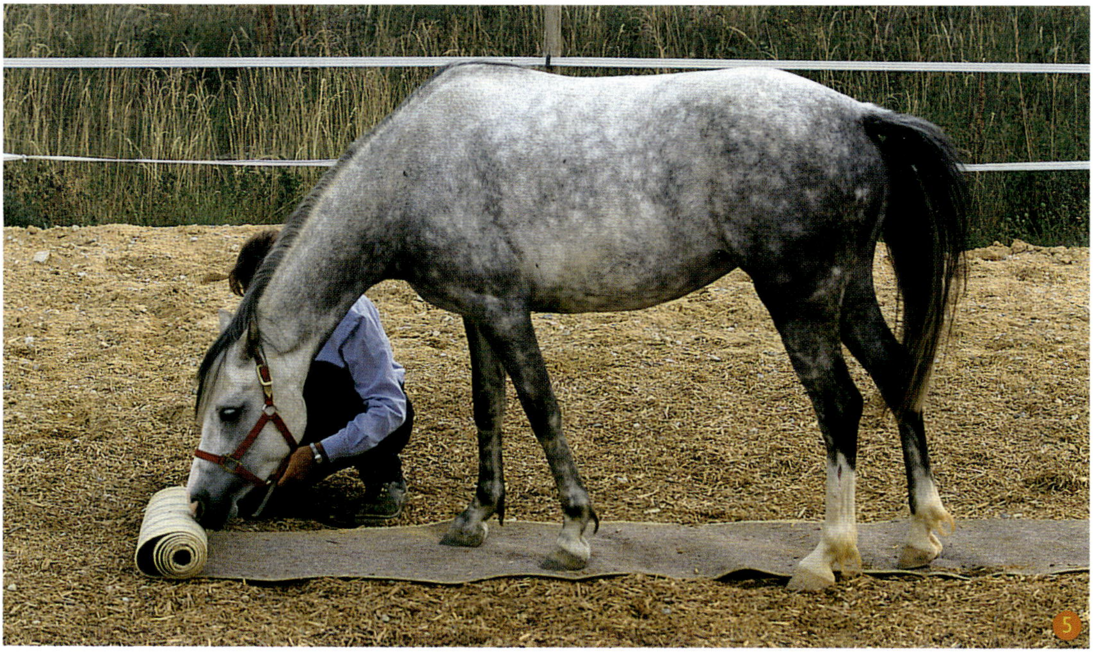

Mit Ben und dem Teppich hatte ich ein anderes lustiges Erlebnis: Eines Tages war ein Westerntrainer aus New York bei uns zu Besuch. In erster Linie interessierte ihn das Training meines Mannes, das ihn sehr faszinierte, darüberhinaus war er überrascht, diesen lebendigen, vor Lebensfreude sprühenden Ben zu erleben. Der Westerntrainer war ein sehr humorvoller Mann schwarzer Hautfarbe und er inspirierte mich spontan dazu, mir die folgende Geschichte auszudenken. Ich wandte mich abrupt an ihn und fragte: „Ach, sind Sie nicht der Herr, der vergangene Woche anrief, um einen wertvollen Teppich hier in der Provence auszusuchen?" Er schaute mich verwundert an und schüttelte den Kopf. Daraufhin wurde meine Miene noch ernster und ich bestand darauf: „Doch, doch, ich erinnere mich noch genau an das Gespräch. Sie sagten, Sie kämen eigens aus New York, um hier einen Teppich auszusuchen." Jetzt zeigte er auf sich, zuckte mit den Schultern und sah nach rechts und links, um zu prüfen, ob ich ihn oder seinen Begleiter meinte. Ich ließ mich davon nicht irritieren, aber er hatte einen völlig verdutzten Gesichtsausdruck. „Na, wie dem auch sei, ich werde Ihnen jetzt die Teppiche zeigen", sagte ich. Ich drehte mich um und wühlte hinter der Bande. (Sie glauben gar nicht, wie viel Spielzeug ich hinter der Bande versteckt habe. Wenn mein verehrter Ehemann mal nicht herschaut, übe ich mit meinen Pferden das eine oder andere, während er mit konzentrierter Miene sein Pferd bei Vivaldi in der Passage oder Piaffe zeigt.) Ich zog also meinen eingerollten Teppich hervor, ging zu Ben und legte ihn ihm vor die Nase. Er begann sofort, ihn auszurollen. Jetzt verstand der Besuch aus den USA den Gag und schüttelte sich vor Lachen, während Ben seine Belohnung bekam.

Wir diskutierten danach im Spaß über die Farbe und Qualität und die Geschichte endete damit, dass das „wertvolle" Stück viel zu teuer war und der Gast bedauernd ablehnte. Daraufhin räumte Ben den Teppich wieder ordentlich zusammen. Die Moral von der Geschichte: Westernreiter aus New York verdienen so wenig Geld, dass sie sich keine wertvollen Teppiche aus der Provence leisten können! Schade!

Stupsen oder Schubsen

Wenn Ihr Pferd Stupsen oder Schubsen lernen soll, müssen Sie sich vorher klarmachen, was das für Konsequenzen haben kann. Sie müssen zukünftig Ihre Körperbewegungen absolut kontrollieren, um nicht ein ungewolltes Schubsen zu provozieren. Wenn Sie sich und anderen diesen Ärger ersparen wollen, lassen Sie diese Übung lieber weg.

1 Um einem Pferd das Stupsen beizubringen, halftern Sie es und befestigen rechts und links am Halfter zwei Anbindestricke. Stellen Sie sich vor das Pferd, ihm mit dem Rücken zugewandt, und nehmen Sie die Anbindestricke rechts und links in die Hand. Vor Ihrem Körper überkreuzen Sie die Stricke und fassen sie wie die Zügel beim Westernreiten zu einer Brücke. Auf diese Weise können Sie Ihr Pferd auf Ihren Rücken ausrichten und brauchen nur darauf zu warten, dass das Pferd reagiert und auf die Idee kommt, Ihren Rücken zu berühren. Manche Pferde reagieren erstmal gar nicht, Sie sollten dann die Übung immer mal wieder an anderen Tagen ausprobieren, bis es schließlich ein leichtes Stupsen zeigt. Wenn Ihr Pferd nach links ausweichen will, zupfen Sie am rechten Strick, wenn es nach rechts ausweichen will, am linken. Halten Sie Futter in der Hand und geben Sie sofort nach einer Berührung oder Stupsen Futter nach hinten.

2 Falls Ihr Pferd von alleine überhaupt keine Anstalten macht, Sie zu stupsen, dann geben Sie ihm eine ordentliche Portion Futter.

Wiederholen Sie den Ablauf immer und immer wieder. Bei so viel Futter hinter dem Rücken hat es bald Lust auf mehr und wird Sie mit Schubsen anbetteln: „Hey, ich möchte noch mehr davon haben!“ Zur Belohnung bekommt es mehr.

3 Sehr bald hat Ihr Pferd begriffen, dass jedes Stupsen belohnt wird. Jetzt brauchen Sie ein auslösendes Signal. In diesem Fall könnte es einfach das Zukehren Ihres Rückens zum Pferd sein. Das bedeutet im Umkehrschluss, dass Sie in Zukunft beim Führen darauf achten müssen, immer neben und nicht vor Ihrem Pferd zu gehen. Wenn es Sie trotzdem stupsen sollte, korrigieren Sie Ihre Position sofort und schicken das Pferd seitlich von Ihnen weiter nach vorne, so dass es wieder neben Ihnen geht. Vielleicht müssen Sie Ihr Pferd zukünftig immer in einem größeren seitlichen Abstand von Ihnen führen. Wenn Sie Ihrem Pferd aber deutlich den Rücken zukehren, ist das das Signal zum Stupsen – und Ihr Pferd darf und soll Sie stupsen.

4 Hat Ihr Pferd die Bewegung verstanden, ist es ganz leicht, sie auf den Po umzuleiten. Beugen Sie sich vor dem Pferd herunter – es wäre jetzt sehr verwunderlich, wenn Ihr Pferd nicht auf die Idee käme, Sie dort zu stupsen. Wenn Ihr Pferd doch nicht reagiert, dann fixieren Sie es noch einmal mit den Führstricken und lenken Sie es auf Ihren Po.

5 Jetzt ist es Ihrem Engagement überlassen, ob Sie nach dem Stupsen hinfallen, nach vorne weglaufen oder noch andere lustige Ideen entwickeln. Wenn Ihr Pferd das Stupsen grundsätzlich begriffen hat, dann ist es auch ganz leicht, das Interesse des Pferdes auf einen anderen Gegenstand zu lenken, z.B. auf einen Hut auf Ihrer Hand oder auf eine Tonne. Was Sie daraus machen und wie Sie ein kleines Showbild entwickeln, das überlasse ich Ihrer Phantasie und Ihrem Einfallsreichtum.

Meine „Frau Schmittenhuber-Nummer" beginnt auf diese Weise. Ben spielt ein böses Pony, das eine zufällig dahergelaufene Putzfrau vor sich her schubst und das so heftig, dass sie sich gar nicht wehren kann. Mehr Details... eines Tages in der Show!

4

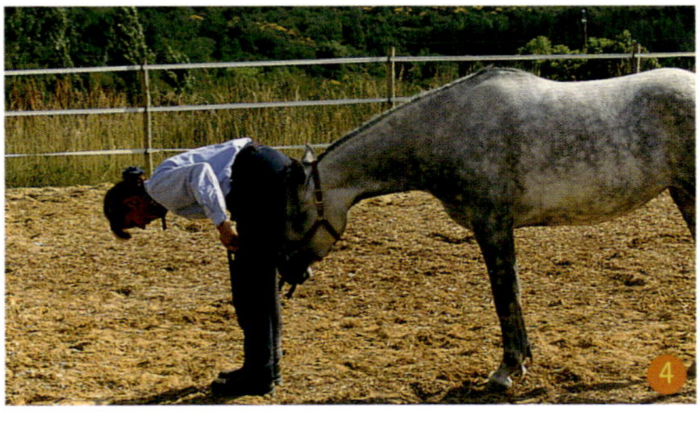
4

5

5

5

Kurz gesagt

Startbild: Das Pferd steht hinter dem Mensch
Zielbild: Das Pferd stupst den Po des Menschen
Körpersprache: Zum Beispiel Freigeben des Rückens
Equipment: Halfter, zwei Stricke oder Westernzügel

Apportieren

Wenn ein Pferd Dinge vom Boden aufheben kann, beeindruckt das sehr und kann auch ein lustiges Element sein. Ben ist Experte im Aufheben von Dingen wie beispielsweise Regenschirmen. Er kann aber auch ein Kissen oder den Klappersack aufheben und schütteln. Bis heute ist er aber nicht in der Lage zu apportieren, das heißt, einen Gegenstand von A nach B zu tragen oder etwas zurückzubringen.

Bevor Sie mit dem Apportieren beginnen, sollte Ihr Pferd schon mit viel Spaß sehr viele Tricks kennen gelernt haben und hochmotiviert an neue Aufgaben gehen, denn ab jetzt wird nicht mehr gefüttert!!! Wenn Sie wollen, dass Ihr Pferd Gegenstände apportiert, dann sollte es zuerst festhalten lernen. Wenn es aber Futter bekommt, dann lässt es beim Öffnen des Mauls und beim Kauen zwangsläufig los. Das ist ja das Gegenteil von dem, was Sie wollen. Bei diesen Lektionen muss das Pferd also zwangsläufig mit Handlob auskommen.

1 Machen Sie Ihr Pferd auf den am Boden liegenden Gegenstand aufmerksam. Benutzen Sie keine Dinge, die leicht zerkaut oder durch die Pferdezähne beschädigt werden können wie Gerten oder Handschuhe. Am besten üben Sie mit einem leichten Gegenstand wie einem Handtuch. Locken Sie Ihr Pferd mit einem Leckerli nach unten, legen Sie dazu das Futter direkt auf das Tuch. Verwenden Sie loses Körnerfutter, damit Ihr Pferd lange suchen muss, um jedes Korn zu finden, und dabei das Tuch auch schon mal zwischen die Zähne bekommt. (Vergleichen Sie die Phase eins beim Decke-vom-Rücken-Ziehen auf S. 106).

1

Kurz gesagt

Startbild: Das Pferd steht
Zielbild: Das Pferd nimmt den Gegenstand hoch und schüttelt ihn
Körpersprache: Auf den Gegenstand zeigen
Stimmkommando: „Da nimm"
Gertensignal: Entfällt
Wiederholungen: Zwei oder mehrmals, abgestimmt auf das Pferd
Equipment: Handtuch, Klappersack, Kissen
Trainingsort: Halle, Stallgasse, Anbindestelle
Vorbereitung: Einen Gegenstand am Putzplatz in Reichweite liegen lassen
Lektion verhindern durch: Ordnung halten, nichts in Reichweite des Pferdemauls herumliegen lassen, Statue, ruhiges Warten

2 Irgendwann wird Ihr Pferd auf die Idee kommen, das Tuch richtig ins Maul zu nehmen. Loben Sie sofort. Wenn Ihr Pferd das Handtuch im Maul hat, soll es den Kopf heben. Loben Sie mit der Stimme und der Hand. Heben Sie den Kopf an. Dabei nehmen Sie dem Pferd keinesfalls den Gegenstand aus dem Maul. Wahrscheinlich wird es ihn nach kürzester Zeit fallen lassen. Dann loben Sie nicht, denn Sie wollen ja, dass das Pferd ihn weiter festhält. Also wiederholen Sie das weiter. Solange das Pferd festhält, loben Sie es ganz ausgiebig mit der Stimme und der Hand. Dabei verlieren die Pferde schnell die Lust. Machen Sie dann einfach an einem anderen Tag weiter. Lassen Sie beim nächsten Mal das Pferd antreten und üben Sie mit ihm im Schritt zu gehen. Manche Pferde machen das ganz selbstverständlich, andere wiederum können mit etwas im Maul nicht laufen. Verbinden Sie diesen mit dem vorangegangenen Ausbildungsschritt. Und denken Sie immer daran, Sie dürfen nicht füttern, sondern loben mit Stimme und Hand!

3 Üben Sie jetzt mit dem leeren Jutesack den gleichen Ablauf. Wenn Ihr Pferd das Hochheben beherrscht, füllen Sie eine Dose in den Sack. Danach mehrere Dosen, die mit kleinen Steinchen gefüllt sind, damit Geräusche entstehen. Irgendwann soll Ihr Pferd den Sack so hin- und herschütteln, damit richtig Radau entsteht.

4 Allmählich verlängern Sie die Strecke, die Ihr Pferd mit dem Gegenstand laufen soll.

5 Hat Ihr Pferd die Übung sehr gut verstanden, arbeiten Sie daran, dass es den Gegenstand wieder loslässt. Sie können das initiieren, indem Sie den Daumen wie beim Auftrensen ins Maul des Pferdes führen. Das Pferd wird das Maul öffnen und den Gegenstand loslassen. Nicht loben! Sie wollen ja nicht, dass es aktiv das Fallenlassen lernt.

6 Sollte das Pferd nun apportieren können, dann verbinden Sie die Übung damit, dass Sie es zu sich rufen. Erst ohne Gegenstand und dann mit. Versuchen Sie es auch mal mit Phase neun.

7 Der Trick ist perfekt, wenn das Pferd zu einem Gegenstand läuft und ihn holt. Spielen Sie den gesamten Ablauf mit Ihrem Pferd zusammen durch. Soll es einen Gegenstand holen, dann muss es von einer Person zu diesem gelockt werden. Sie rufen es dann wieder zu sich zurück. Versteht Ihr Pferd das nicht, dann üben Sie zuerst, mit einer Longe zu Person A zu gehen und anschließend zu

8 Wir kehren zum Apportieren zurück. Wenn Ihr Pferd Abschnitt sieben gut verstanden hat, dann lassen Sie es einen Gegenstand von Person zu Person bringen.

9 Irgendwann ist eine zweite Person überflüssig. Sie legen den Gegenstand nicht allzu weit von sich entfernt hin und das Pferd soll ihn holen.

Ihnen zurückzukehren. Person A steht an der Longe und „holt diese langsam zu sich ein", bis das Pferd bei ihr steht. Ein dritter Helfer übergibt die Longe wieder an Sie, um das Pferd durch Rufen und Longe aufnehmen zurückzudirigieren. Ich übe das fast täglich mit Hilfe meines Mannes mit unseren Pferden. Er steht an einem Ende der Halle und ich am anderen. Jeder ist mit viel Futter ausgestattet. Mein Mann ruft sein Pferd. Es läuft zu ihm und wenn es angekommen ist und mit Futter belohnt wurde, rufe ich es zurück. Falls es bei Ihnen so nicht klappt, dann verkürzen Sie am Anfang einfach mal den Abstand.

Zudecken

Anouk bringe ich derzeit bei, ein Tuch vom Rücken nach vorne zu ziehen, während sie liegt. Ben kann diese Aufgabe schon perfekt und zieht sich eine Bettdecke ganz über den Kopf, um sich schlafen zu legen. Zuvor legt er sich natürlich seine Kuscheltiere zurecht. Übrigens werde ich hin und wieder danach gefragt, wem die Kuscheltiere gehören, die ich in meinem Auto täglich spazieren fahre. „Ach die, die gehören Ben. Die braucht er für die Gute-Nacht-Nummer", antworte ich dann. Erwin Winter, der Stoffpuppen-Schneemann, befindet sich an heißen Sommertagen in der Küche in unserem Kühlschrank.

1 Erste Voraussetzung ist, dass Ihr Pferd liegen können muss und das Apportieren schon gelernt haben sollte. Sie kombinieren nun beides miteinander. Sie lassen Ihr Pferd aufrecht liegen, positionieren sich hinter seinem Rücken und locken es mit einem Leckerli, damit es den Kopf nach hinten wendet.

Kurz gesagt

Startbild: Das Pferd liegt flach am Boden
Zielbild: Das Pferd zieht liegend ein Tuch nach vorne
Körpersprache: Zupfen am Tuch
Stimmkommando: Entfällt
Gertensignal: Entfällt
Wiederholungen: Zwei- oder mehrmals, auf das Pferd abgestimmt
Equipment: Tuch, Laken, Bettdecke
Trainigsort: Halle, Koppel, wichtig ist hier weicher Boden
Vorbereitung: Liegen, apportieren
Lektion verhindern durch: „Hooh, Halt", verharren, antreten, Statue

2 Legen Sie ein Tuch auf den Rücken und locken Sie Ihr Pferd mit einem Leckerli nach hinten, damit es das Tuch wahrnimmt. Legen Sie jetzt loses Körnerfutter auf das Tuch und locken Sie es nach hinten. Es fängt an die

1

2

2

2

Körner einzusammeln und bekommt dabei versehentlich das Tuch zwischen die Zähne. Loben Sie überschwänglich.

3 Bald wird Ihr Pferd den Bezug erkennen und das Tuch nach vorne ziehen. Tauschen Sie das Tuch, wenn die Lektion gut klappt, gegen ein größeres Laken aus. Unterstützen Sie jedes Ziehen, das weiter nach vorne geht.

3

4 Ab jetzt lassen Sie das Pferd flach liegen und es soll nun aus dieser Position mit der Lektion beginnen. Helfen Sie ihm, indem Sie es wieder ein bisschen hochkommen lassen, so dass es das Laken zu fassen bekommt. Danach sollte es sich gleich wieder flach hinlegen. Allmählich wird das Pferd sich, während es das Tuch greift, flach legen.

5 Tauschen Sie das Tuch durch ein Laken aus. Achten Sie darauf, dass das Pferd nicht darauf liegt und es deshalb nicht ziehen kann. Wenn das Pferd greift und sich gleichzeitig flach ablegt, entsteht das Zudecken.

6 Irgendwann können Sie dann das Laken gegen eine Bettdecke austauschen und die Schlafsituation perfekt machen, indem Sie Ihrem Pferd ein Kissen unter den Kopf legen. Falls Ihr Pferd noch nicht apportiert, versuchen Sie es trotzdem einmal in dieser Reihenfolge. Vielleicht versteht es die Übung auch ohne Vorkenntnisse des Apportierens.

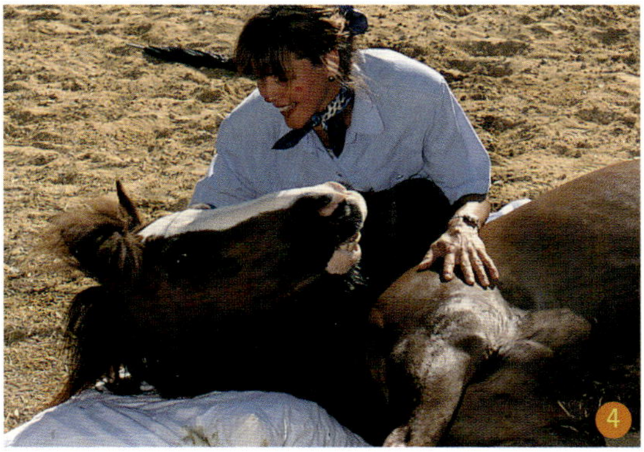
4

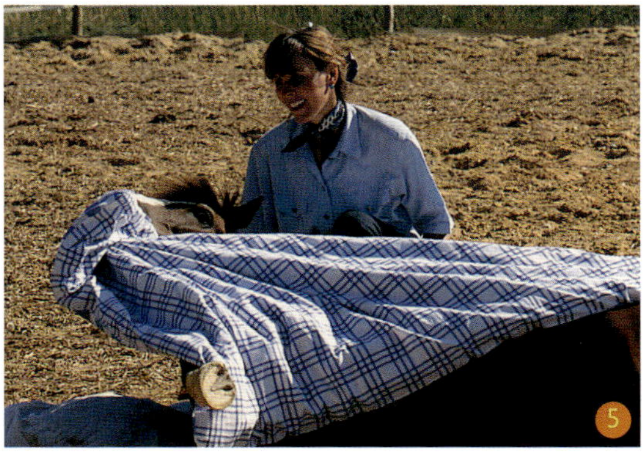
5

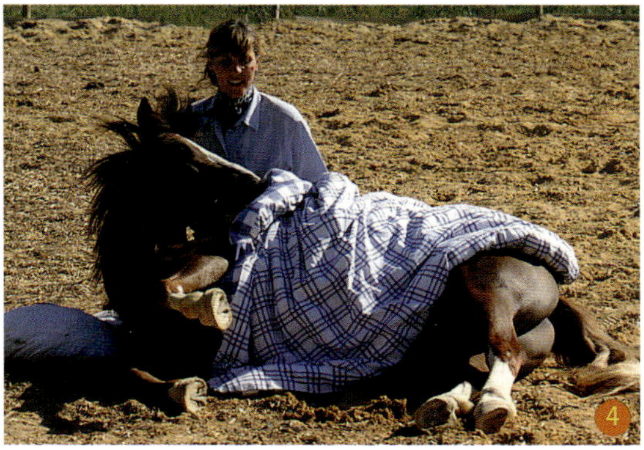
4

5

Sattel vom Rücken ziehen

Mit Ben habe ich eine lustige Szene entwickelt: Ich möchte ihn reiten und er sagt klar „Nein“ dazu. Er zieht sich Satteldecke und Sattel immer wieder vom Rücken, während ich voller Vorfreude bin. Auch bei dieser Übung sollten Sie sich die Konsequenzen überlegen: Wenn Sie in Zukunft ein immer leicht zu satteIndes Pferd haben möchten, sollten Sie auf diese Lektion lieber verzichten. Natürlich können Sie versuchen, Ihr Pferd in Zukunft ausschließlich von links zu satteln und den Trick mit dem Sattelabwerfen nur von rechts ausführen.

1 Sie binden Ihr Pferd an die Anbindestelle und lassen dort ein Handtuch in greifbarer Nähe. Dann entfernen Sie sich und beobachten Ihr Pferd. Viele Pferde lieben es, sich mit Sachen zu beschäftigen oder Dinge hinunterzuwerfen, die in greifbarer Nähe liegen. Wenn das der Fall ist, loben Sie Ihr Pferd aus der Entfernung. Gehen Sie dann wieder hin und füttern Sie es. Sollte es sich überhaupt nicht für den Gegenstand interessieren, dann überlegen Sie mal, ob es beispielsweise eine besondere Vorliebe für die Kardätsche oder den Hufkratzer hat. Versuchen Sie es alternativ mal damit. Wenn es klappt, dann loben Sie ausgiebig und wiederholen Sie es.

2 Wenn das Pferd verstanden hat, dass es zukünftig nach Gegenständen greifen darf, dann tauschen Sie die Gegenstände gegeneinander aus. Es soll nun auch lernen, das Handtuch zu greifen, das Sie später schließlich gegen eine Satteldecke austauschen.

Kurz gesagt

Startbild: Das Pferd steht frei – mit Satteldecke auf dem Rücken
Zielbild: Das Pferd zieht sich den Sattel vom Rücken
Körpersprache: An der Satteldecke zupfen, am Sattel rütteln
Gertensignal: Entfällt
Wiederholungen: Zwei- oder mehrmals, auf das Pferd abgestimmt
Equipment: Handtuch, Satteldecke, alter Sattel
Trainingsort: Halle oder umzäunter Bereich
Vorbereitung: Statue, apportieren
Lektion verhindern durch: Antreten, Statue, warten

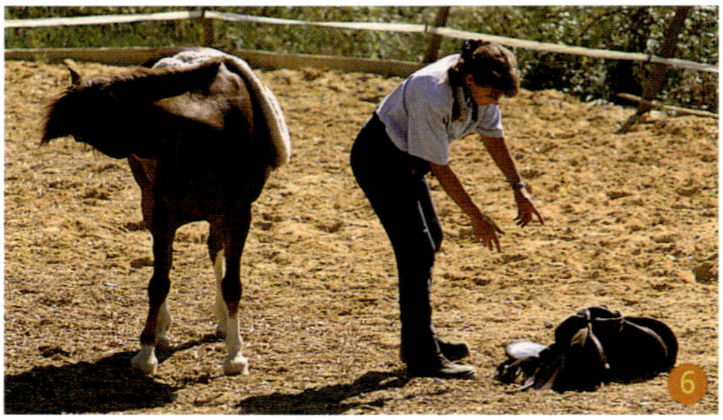
6

3 Hat Ihr Pferd also am Putzplatz das Greifen gelernt, dann können Sie den Trainingsort wechseln. Erst wenn die Übung am neuen Trainingsort funktioniert, dürfen Sie am Putzplatz wieder eingreifen, wenn das Pferd sich mit Gegenständen beschäftigt. Grundsätzlich

Was ist, ...
... wenn Ihr Pferd am Putzplatz ungefragt nach Sachen greift?
Sobald man anfängt mit Zirkuslektionen zu arbeiten, kommt man im Alltag in Situationen, in denen man sein Verhalten und seine Angewohnheiten überprüfen und, falls notwendig, korrigieren muss.
Wenn Ihr Pferd Dinge greift und Sie wollen daraus keinen Profit für das Apportieren, dann halten Sie Ordnung und verbieten dem Pferd die Spielerei.

Soll es dagegen apportieren, dann halten Sie Ordnung am Putzplatz, denn das Signal liegt in der Präsenz des Gegenstandes. Das Pferd kann nicht aus der Komplexität einer Situation erkennen, ob es eine Zirkuslektion beim Auslösen des Reizes durchführen darf oder nicht. Schimpfen oder Strafen verwirrt und demotiviert das Pferd. Hier ist ausschließlich das konsequente Handeln und die Fähigkeit des Menschen gefordert, sich über die Konsequenzen von Zirkuslektionen im Alltag bewusst zu sein.

sollten Sie aber die Reize an den Orten, an denen Zirkuslektionen nicht erwünscht sind, vermeiden.

4 Falls Ihr Pferd von vornherein große Lust hat, nach Dingen zu greifen, dann können Sie gleich an einem neutralen Ort mit der Übung beginnen und nicht durch den Langeweile-Effekt am Putzplatz auf den Spieltrieb des Pferdes hoffen.

5 Sie befinden sich jetzt also zum Beispiel in der Halle. Stellen Sie sich auf Kruppenhöhe neben Ihr Pferd und locken Sie seinen Kopf mit Futter zu sich nach hinten. Probieren Sie das auf beiden Seiten. Platzieren Sie nun ein Handtuch auf dem Rücken und legen Sie darauf Futter aus. Locken Sie Ihr Pferd mit der Hand zum Handtuch und zeigen Sie das Futter. Wahrscheinlich wird schon beim ersten Versuch das Tuch vom Rücken gezogen. Loben Sie!

6 Tauschen Sie das Handtuch gegen eine Satteldecke und legen Sie Futter darauf aus. Gleiches Prozedere wie vorher: Loben, wenn das Pferd nach Futter sucht und zieht. Irgendwann legen Sie kein Futter mehr aus, sondern geben das Futter nach dem Ziehen der Decke aus Ihrer Hand. Verbinden Sie ein Signal wie das leichte Klopfen an die Flanke mit dem Nach-hinten-Wenden des Kopfes. Nach und nach entfernen Sie sich immer weiter vom Pferd und lassen es die Übung selbstständig machen. In dieser Zeit können Sie sich damit beschäftigen, den Sattel vom Boden aufzuheben und damit demonstrativ und voller Vorfreude zum Pferd zu gehen. Inzwischen liegt die Satteldecke aber schon auf dem Boden.

7 Wenn Sie die Sache steigern wollen, probieren Sie die Übung auch mit einem alten Sattel, der schadlos auf den Boden fallen darf. Gleicher Ablauf wie vorher, Ihr Pferd wendet den Kopf nach hinten, greift mit den Zähnen den Sattel und zieht. Danach gibt's Futterlob. Unsere Putzfrau Frau Schmittenhuber ist in der Show heilfroh, dass das Pony Ben sich nicht reiten lässt, sondern sich den Sattel vom Rücken zieht. Dieser Trick ist immer amüsant.

Die Klassiker

Grundsätzliches zu den klassischen Lektionen

Im folgenden Kapitel werde ich typische Zirkuslektionen beschreiben, die häufig in Shows, im Zirkus oder von Pferdeleuten auf Veranstaltungen präsentiert werden, und daher nenne ich sie die Klassiker. Es sind Lektionen, die Sie sicher in einem Zirkusbuch erwarten, deshalb möchte ich diesem Wunsch gerne entsprechen. Ich weiß sehr wohl, dass es genau dazu schon gute Literatur gibt, die ich Ihnen empfehle, wenn Sie sich weiter in das Thema vertiefen wollen.

Es gibt zwei Reihenfolgen, aus der sich die einzelnen Klassiker-Lektionen sinnvoll herleiten und weiterentwickeln lassen.

Plié oder Kompliment führt zum >
A genoux führt zum >
Liegen führt zum >
Sitzen
Oder:
Kompliment führt zum >
Liegen führt zum >
Sitzen

Alle Lektionen beschreibe ich der Einfachheit halber auf der linken Hand. Selbstverständlich können Sie auch von rechts arbeiten, z.B. Kompliment links und A genoux rechts, um anfänglich zu differenzieren.

Legen Sie bei den Übungen, die bodenwärts gehen, Ihrem Pferd ein Halfter an. Es stellt die sanfteste und maulfreundlichste Verbindung dar. Wird das Halfter mit Zügeln versehen, kann damit auch ein stärkerer Zug ausgeübt werden, den ich an der Trense nicht ausführen würde. Den Kappzaum können Sie verwenden, wenn er seitliche Ösen hat. Ich meine nicht die vorderen dicht neben der mittleren Öse. Es gibt Kappzäume, die an der Seite eine Einschnallmöglichkeit für Zügel bieten.

Plié

Das Plié kann bei der Entwicklung des Komplimentes helfen, ist aber nicht Voraussetzung daür. Ob Sie zuerst das Plié oder das Kompliment erarbeiten oder beides gleichzeitig üben, sei Ihnen überlassen.

Das Verbeugen ist eine schöne Übung für den Start und das Ende einer Vorführung. Bei allen Dehnungsübungen wie auch beim Verbeugen ist es sinnvoll und besser für das Pferd, es zunächst aufzuwärmen, vor allen Dingen im Winter oder bei kalter regnerischer Wetterlage.

Kurz gesagt

Startbild: Das Pferd steht; der Mensch befindet sich auf der linken Körperseite des Pferdes in Höhe des Widerristes in die gleiche Richtung schauend wie sein Pferd
Zielbild: Das Pferd streckt beide Vorderbeine, senkt die Brust ab und hält den Kopf über den Vorderbeinen. Das Pferd kann sich dabei mit der Brust so tief absenken, dass es sich dem Boden auf wenige Zentimeter annähert. Die Vorderbeine kommen zur extremen Streckung und die Hinterbeine treten nach hinten heraus und sind parallel gestellt
Körpersprache: Mensch im 90°-Winkel zum Pferd auf dessen Bauchhöhe
Stimmkommando: „Plié" oder ein Kommando Ihrer Wahl
Gertensignal: Wechselt je nach Situation: 1. Klopfen unter dem Bauch mit der Hand, 2. Handzeichen am Buggelenk, 3. Gerte unter dem Bauch
Wiederholungen: Jeder Übungsschritt zwei- bis dreimal oder individuell auf das Pferd abgestimmte Anzahl
Equipment: Halfter, Zügel, Bandage, Futter, lange Möhren, eine Gerte
Trainingsort: Halle, umzäunter Bereich
Vorbereitung: Durch Training vorgewärmtes Pferd, Statue
Lektion verhindern durch: Kopf hochhalten, um die Statue zu erhalten, energisches Antreiben in die Bewegung, um das Kompliment abzurufen: energisches Touchieren des zu beugenden Röhrbeins (siehe S. 115 f.)

Im Zielbild beschreibe ich diese Lektion. Sie können je nach Wunsch andere Übungen zwischendurch einfügen oder ein weiteres Üben auf den nächsten Tag verlegen. Sie werden staunen, aus wie vielen Details diese Übung besteht und wie viel Zeit sie in Anspruch nimmt.

1 *Startbild* Sie befinden sich auf der linken Hand, halten Ihr Pferd auf dem Hufschlag an. Sie stehen auf der linken Seite des Pferdes und schauen mit dem Pferd in die gleiche Richtung nach vorne. Ihre linke Hand hält das Pferd direkt am Halfter fest, während Sie Ihre rechte Hand am Widerrist abstützen. Das ist hilfreich, weil jetzt ein kleiner Balanceakt folgt,

1

1

bei dem eine Stütze günstig ist. Schieben Sie Ihren rechten Fuß von hinten nach vorne zwischen die Vorderhufe und klopfen Sie so lange gegen die Innenseite des linken Vorderhufs (dicht oberhalb des Hufes), bis das Pferd das Bein anhebt. Ihr Pferd soll die Vorderbeine breit auseinander stellen. Das ist erforderlich, da das Pferd im nächsten Schritt den Kopf zwischen den Beinen absenken soll und dazu Platz braucht. Das Auftreten des linken Hufes zur Seite erreichen Sie, indem Sie den linken Huf mit Ihrem Fuß auf sich zu ziehen. Halten Sie festen Kontakt mit dem Pferdebein und versuchen Sie dranzubleiben, auch wenn Ihr Pferd das Bein wegzieht, so dass Sie das Bein sofort wieder zurückziehen können. Das Auffußen können Sie unterstützen, indem Sie den Widerrist, an dem sich immer noch Ihre rechte Hand befindet, zu sich ziehen. Dadurch muss das Pferd die Balance nach links auf seinen linken Huf verlagern. Warum schlage ich Ihnen vor, Ihren Fuß statt Ihre Hand zu benutzen? Weil Sie die Hand zum Anheben des Beines in der Übung Kompliment benutzen und Sie vermeiden sollten, dass sich die Lektionen Plié, Kompliment und Hufegeben zum Auskratzen zu sehr ähneln. Reagiert Ihr Pferd nicht auf das Signal mit dem Fuß, verstärken Sie den Einsatz der Signale.

Falls auch das noch nicht klärend wirkt, drücken Sie Ihren rechten Arm gegen den Pferdebauch, damit das Pferd sein Gewicht auf die rechte Schulter verlagert. Beugen Sie sich nun herunter und fassen Sie mit der

Und was hat das mit dem Dressurreiten gemeinsam?

Das ist genau wie in der Dressurarbeit: Ist Ihnen schon bewusst geworden, aus wie vielen kleinen Details eine Dressurübung besteht, und seien es „nur" Schlangenlinien im Trab in drei Bögen? Die Details: korrekte Linienführung, Tempo, laterale Balance, Kopf/Hals-Haltung, Takt/Anlehnung, Balance der Vorhand/Hinterhand, Kontrolle der Kruppe, Geraderichten.

linken Hand um das Röhrbein, um das Pferd zum Abheben des Hufes zu veranlassen. Bitte achten Sie darauf, dass diese Situation keine Ähnlichkeit mit dem Hufegeben vor dem Auskratzen hat.
Festigen Sie den Ablauf durch Wiederholungen.

2 Im nächsten Schritt kommt die große, lange Möhre ins Spiel, die sich in Ihrer rechten Hand befindet. Zeigen Sie dem Pferd die Möhre, lassen Sie es aber nicht abbeißen, sondern locken Sie sein Maul herunter. Es kann die Möhre zunächst über den Hufen und dann zwischen den Hufen abbeißen. Wenn das Herunterlocken zwischen die Hufe gelingt, ist das schon der nächste kleine Schritt. Diese Phase werden Sie nun durch tägliche Wiederholung festigen. Sie können auch schon das verbale Kommando „Plié" einführen, damit sich das Pferd daran gewöhnt.

3 Dann geht es weiter: Locken Sie das Pferdemaul immer weiter nach hinten zwischen die Beine. Sie halten die Möhre nach wie vor in der rechten Hand und strecken sie unter dem Bauch so weit nach vorne zwischen die Pferdebeine, wie es nötig ist. Vorsicht, dass Ihnen das Pferd die Möhre nicht auffrisst, bevor es seinen Kopf überhaupt nach unten und hinten bewegt hat. Halten Sie die Möhre lieber quer zum Maul, so kann das Pferd sie zwar fühlen und mit den Lippen berühren, aber nicht gleich abbeißen.

Es könnte noch eine weitere Schwierigkeit auftauchen: Das Pferd folgt Ihnen nicht mit seinem Maul nach unten und hinten. Halten Sie zwei Möhren bereit: eine in der linken, eine in der rechten Hand. Locken Sie das Pferd mit der linken Möhre ein Stückchen herunter und dann mit der rechten Möhre noch ein weiteres Stück. Ihr rechter Arm befindet sich zwischen den Vorderbeinen.

Falls das Pferd sich auch damit immer noch nicht locken lässt, versuchen Sie es am Morgen oder Abend vor der Fütterung, wenn es ordentlich Hunger hat. Wie bitte, Ihr Pferd bekommt immer so viel Futter, dass es keinen Hunger hat? Überdenken Sie einmal Ihren Futterplan. (Das ist die kürzeste Version eines sonst mindestens 15-minütigen Vortrages über artgerechte Fütterung unter Vermeidung von Fettleibigkeit. Jeder meiner Schüler kann davon ein Lied singen!)

2

2

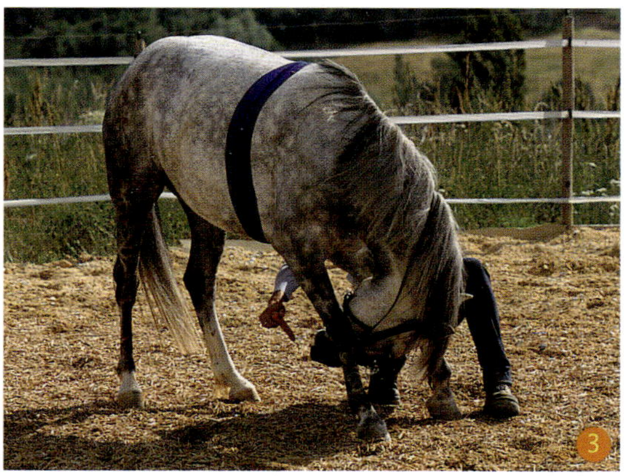

3

4 Je weiter Ihnen das Pferd mit dem Kopf nach hinten folgt, desto weiter muss es die Hinterbeine nach hinten herausstellen, damit sich die Brust noch weiter absenken kann und sich die Vorderbeine strecken können. Üben Sie das unverdrossen, warten Sie auf diesen Schritt und freuen Sie sich über den Erfolg.

5 *Beine rausstrecken* Sollte sich Phase vier nicht von alleine ergeben, müssen Sie eine Übung einfügen, die Ihnen auch für das Kompliment helfen wird. Sie halten Ihr Pferd auf dem Hufschlag an und touchieren mit der Gerte das linke Hinterbein dicht über dem Kronenrand, während Ihre linke Hand am Halfter ein klitzekleines Zeichen zum Rückwärtstreten gibt. Das Pferd soll nur das touchierte Bein zurücksetzen, nicht insgesamt rückwärts treten. Wiederholen und festigen Sie dies. Führen Sie dann das Gleiche mit dem anderen Hinterbein aus, ohne die Seite am Pferd zu wechseln, damit beide Hinterbeine herausgestellt werden. Auf diesen Übungsschritt greifen Sie nur zurück, wenn es Not tut.

6 Wenn Ihr Pferd das Heraustreten der Hinterhand begriffen hat, dann verknüpfen Sie das mit der Plié-Bewegung. Sie locken Ihr Pferd mit dem Maul immer weiter nach hinten, die Möhre in der linken Hand haltend, und touchieren mit der Gerte die Hinterbeine, so dass das Pferd diese herausstellt. Sie wiederholen und festigen diesen Ablauf.

7 Sie konditionieren Ihr Pferd zum Absenken, indem Sie die Handfläche an das Buggelenk legen und nach hinten drücken. Das Pferd versteht das Zeichen, wenn Sie es mit Bekanntem verknüpfen, es also weiterhin mit der Möhre nach hinten locken.

Dies ist aber nur vorübergehend das Zeichen. Das eigentliche Zeichen wird später

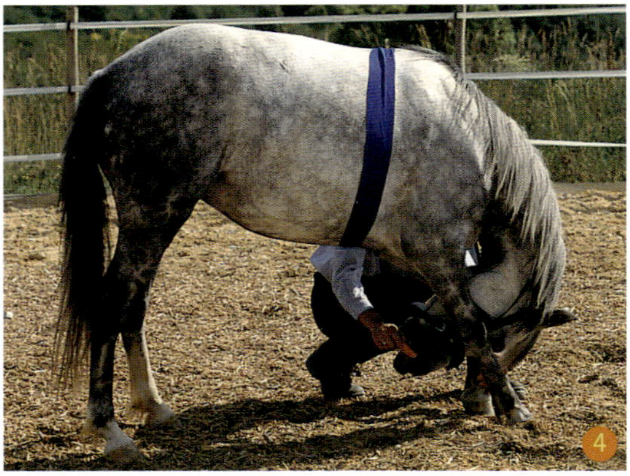

4

4

8

8

mit der Gerte unter dem Bauch gegeben. Man touchiert mit der Gerte, damit man aus größerer Entfernung arbeiten kann, was wiederum souveräner wirkt. Würde man am Buggelenk, wo Sie das Handzeichen geben, mit der Gerte touchieren wollen, so ähnelt das zu sehr dem Zeichen für Rückwärtsrichten oder Spanischem Schritt. Wie wird also aus dem Handauflegen am Buggelenk das Zeichen für das Plié? Zunächst führen Sie beide Signale gleichzeitig aus: Klopfen unter dem Bauch mit der Hand und Handauflegen am Buggelenk. Später unterlassen Sie das Zeichen an der Brust und touchieren mit der Gerte unter dem Bauch.

8 *Verharren im Plié* Sie wollen, dass Ihr Pferd in dieser Position verharrt. Wie immer leiten Sie das über Futter ein, das Sie, je höher der Erfolg ist, „ausschleichen". Sie befinden sich selber in der Hocke im Winkel von 90° neben dem Pferdebauch. So lange, wie Sie hocken und das Gerten- oder Handsignal geben, soll das Pferd verharren. Lassen Sie das Pferd nur kurz verharren und verlängern Sie den Moment allmählich.

9 *Beenden der Lektion* Wichtig ist, dass das Pferd sich wieder auf Ihr Kommando hin erhebt und Sie dem Pferd zuvorkommen: Sie sagen „und, auf!", richten sich selber auf und gehen einen kleinen Schritt nach vorne.

10 *freie Kopfhaltung* Wie wird daraus später das vollendete Plié mit freiem Kopf über den gestreckten Vorderbeinen?

In dem Moment, in dem Sie das Pferd mit der Möhre nach hinten locken und es dies schon häufig genug ausgeführt hat, klopfen Sie gegen den Bauch, um es darauf aufmerksam zu machen: „Hallo, hier ist die Möhre!" Sobald Sie oft genug geübt haben und sich die Regel-

8

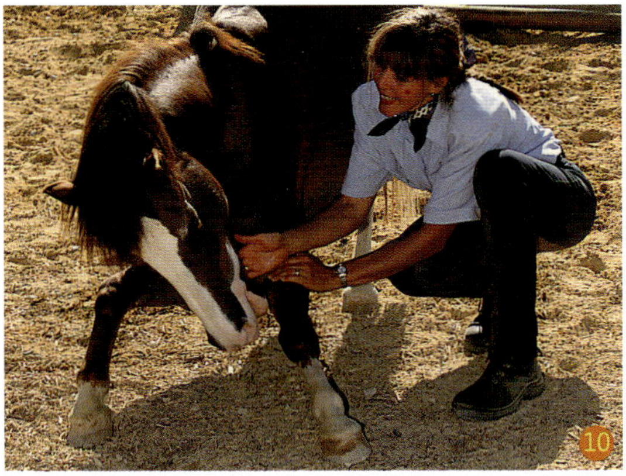
10

10

10

mäßigkeit ergibt, dass Ihr Pferd sich durch das Zeichen an der Brust absenkt, können Sie dazu die rechte Hand verwenden. Ihre linke Hand bietet dem Pferd Futter über den gestreckten Vorderbeinen an, so dass der Kopf über den Beinen verbleibt.

Gratulation, das ist das Zielbild, das zu erreichen in der Regel Monate dauert!

Wie das Plié durch Zufall entsteht

Erste Möglichkeit Meiner Tabea brachte ich zuerst das Kompliment mit der Fußlonge bei. Als ich eines Tages trainierte, senkte sie sich in der Brust ab und „vergaß" dabei, ein Bein zu beugen. Sie streckte also beide Beine vor und ihr Kopf blieb frei über den Vorderbeinen. Das Zielbild des Plié! Das durfte doch nicht wahr sein, da hatte ich das perfekte Plié in Windeseile erreicht! Tabea wurde natürlich überschwänglich gelobt und ich trainierte ab dem Moment das Plié und stellte das Kompliment für einige Tage zurück, denn das kann man mit Hilfe der Fußlonge leicht wiedergewinnen.

Sie können generell so verfahren: Bietet das Pferd eine andere oder schwierigere Lektion von sich aus an, dann nimmt man das Angebot an und stellt die andere Lektion zurück.

Zweite Möglichkeit Meine Freundin Michaela zieht bei ihrem Hengst Kino nach dem Sattel angurten die Vorderbeine nach vorne heraus, damit sich die Hautfalten unter dem Gurt glätten. Das tun viele rücksichtsvolle Reiter. Kino hat sich dabei angewöhnt, sich zu recken und zu strecken, wie Pferde das morgens nach dem Aufstehen gerne machen. Das ist die vollendete Plié-Bewegung. Da er diese Streckbewegungen regelmäßig machte, musste Michaela nur noch ein Zeichen integrieren (Druck mit der Hand am Buggelenk, so wie ich es auch mache) und schon war die Übung Plié, wann auch immer, abrufbar. Es gibt überhaupt keinen Grund, aus solchen Zufällen keinen Vorteil zu ziehen.

Kompliment ohne Fußlonge

Ob Sie mit dem Kompliment beginnen oder mit dem vorher beschriebenen Plié, ist Ihre Entscheidung. Die eine Lektion fördert die andere und umgekehrt. Bis zu den jeweiligen Zielbildern benötigen Sie wahrscheinlich gleich viel Zeit. Das Komplizierte beim Plié ist, den Kopf frei nach vorne zu bekommen, wobei beim Kompliment das eigenständige Beugen und Absenken des Vorderbeins langwierig zu üben sein kann.

Ob Sie Ihr Pferd auf das linke oder rechte Bein heruntergehen lassen, ist nicht von Bedeutung. Sie sollten es davon abhängig machen, auf welcher Seite Sie sich sicherer und wohler fühlen. Wenn Sie wollen, können Sie auch gleich von Anfang an trainieren, Ihr Pferd beidseitig knicksen zu lassen. Aus Gründen der Symmetrie sollte Ihr Pferd zum Schluss alle Lektionen auf beiden Seiten beherrschen.

Ob Sie sich für das Training mit oder ohne Fußlonge entscheiden, ist eine Vorüberlegung wert. Die meisten Pferde lernen das Kompliment auch ohne Fußlonge. Dies ist freundlicher und ungefährlicher, es wird aber wahrscheinlich länger dauern, bis Sie Ihr Ziel erreichen. Ich habe großen Respekt vor Schülern, die das Kompliment frei und ohne Fußlonge erarbeiten möchten, denn es beweist, dass sie sich in jedem Moment auf das Pferd einstellen und sich in es hineinversetzen wollen. Ohne Fußlonge kann nichts erzwungen werden. Ich selber arbeite mit Fußlonge, da ich mich mit dem Gebrauch gut auskenne und das Zielbild schnell erreichen will, weil ich noch so viele andere Ideen habe. Ich bin mir nicht sicher, ob es mir 100%ig gelingt, in einem Buch den Gebrauch der Fußlonge so präzise zu beschreiben, dass Sie mit ihr (gefahrenfrei) zurechtkommen können. Mir wäre am wohlsten, wenn Sie sich innerhalb eines Zirkuskurses mit der Fußlonge vertraut machen und das Buch als Erinnerungsstütze benutzen.

Fest steht: Sie können nur ruhige Pferde mit Gewalt herunterzwingen (was wir natürlich alle ablehnen sollten), die agilen, explosiven Pferde können Sie, Gott sei Dank, gar nicht zwingen. Stattdessen zwingen uns diese Pferde, über eine clevere Lösung nachzudenken, die dann den Weg für alle Pferde darstellt.

Und was hat das mit dem Dressurreiten gemeinsam?
Das ist meiner Meinung nach auch die Bedeutung der agilen, blütigen Pferderassen zur Verbesserung des Dressurreitens. Wenn wir nur Trakehner, Vollblüter, Traber, Araber, Welsh-Ponys oder kurz- und dickhalsige Pferde dressurmäßig reiten würden, hätten wir entweder schon damit aufgehört (Frust, Verzweiflung) oder würden viel besser reiten. Brave Warmblüter sind zu wenig aufsässig und oft zu talentiert, weshalb unser Reiten so schlecht sein kann. Was die „Richtlinien für Reiten und Fahren" hergeben, ist so rudimentär, dass sich daraus nur Irrwege, und aus den Konzeptlücken viele Missverständnisse, Hilflosigkeit und Aggression herleiten. Die oben genannten Pferdetypen verlangen jedoch eine auf sie abgestimmte Vorgehensweise, die wir auch in den Zirkuslektionen berücksichtigen müssen.

Ausrüstung für das Kompliment

1 Das Pferd trägt ein Halfter mit Zügeln. Diese sind durch einen Knoten verkürzt. Wenn der Knoten in der Kuhle vor dem Widerrist liegt, sollten die Zügel gespannt sein. Durch diesen Knoten entsteht im Rest des Zügels quasi eine große Schlaufe. In diese Schlaufe legen Sie die elastische Bandage. Diese wiederum legen Sie um den Pferdebauch und verschließen sie durch eine Schleife. Sie haben also jetzt die Zügel mit Hilfe der Bandage am Pferd fixiert. Das ist ein praktisches Detail, welches das Herunter-

Kurz gesagt

Startbild: Das Pferd steht; der Mensch befindet sich auf der linken Körperseite des Pferdes, parallel zu ihm und blickt mit ihm in die gleiche Richtung
Zielbild: Das Pferd beugt ein Vorderbein und senkt sich auf das Röhrbein ab. Das andere Vorderbein bleibt gestreckt. Die Streckung des Vorderbeins ergibt sich durch das Herausstellen der Hinterhand. Die Hinterhand steht parallel. Die Brust des Pferdes senkt sich ab, hält aber noch Abstand zum Boden. Das Pferd verharrt so lange in der Position, wie man es beabsichtigt
Stimmkommando: „Kompliment", oder ein Kommando Ihrer Wahl
Gertensignal: Touchieren gegen die Vorderseite des linken Röhrbeins der Vorhand
Wiederholungen: Jeder Übungsschritt zwei- bis dreimal oder individuell auf das Pferd abgestimmte Anzahl
Equipment: Halfter, Zügel, Futter, lange Möhren, eine Gerte
Trainingsort: Halle, weicher Boden, an einer Stelle mit viel Platz hinter dem Pferd
Vorbereitung: Statue
Lektion verhindern durch: Anheben des Kopfes, vortreiben, abstreichen und mehr oder weniger energisches Anweisen zum Stehen bleiben „Hooh, Halt"

rutschen der Zügel zu den Ohren während der Übung verhindert. Somit können Sie jederzeit zu den Zügeln greifen, was den Ablauf störungsfreier gestaltet. Uff, verstehen Sie, was ich meine? Sehen Sie sich die Bilder an. Hurra, jetzt endlich kann es losgehen!

1

2 *Startbild* Sie stehen auf der linken Seite des Pferdes und schauen mit dem Pferd in die gleiche Richtung nach vorne. Falls Ihr Pferd sehr sicher bei Ihnen bleibt, kann es sogar ungehalftert bleiben. Falls Sie lieber eine Verbindung halten wollen, statten Sie es wie oben beschrieben aus.

3 Mit dem rechten Ellbogen drücken Sie gegen den Pferdebauch, damit das Pferd sein Gewicht nach rechts verlagert, während Sie mit Ihrer linken Hand das linke Fesselgelenk umfassen und das Bein anheben können. Sie können ab hier auch den achten Verlaufsschritt einfügen.

3

4 Sie halten das gebeugte Bein mit der linken Hand hoch, während Ihre rechte Hand den Pferdekopf mit einer langen Möhre zwischen den Vorderbeinen herunterlockt. Dann locken Sie weiter hinten, damit das Pferd den Kopf weiter nach hinten zwischen die Beine nimmt. Sie halten dabei immer noch das Pferdebein hoch, was nicht besonders angenehm ist, wenn Ihr Pferd sehr groß und schwer ist. Daraus ergibt sich ein anderer wichtiger Grund für die Arbeit mit der Fußlonge (siehe S. 119). Überstürzen Sie nichts. Lassen Sie Ihr Pferd die Situation langsam kennen lernen. Es soll sich nach und nach immer ein bisschen weiter absenken. Es muss nicht gleich am ersten Tag den Boden berühren. Wie sagte Freddy Knie so schön: „Jeden Tag ein Zentimeter wird schließlich auch zum Meter."

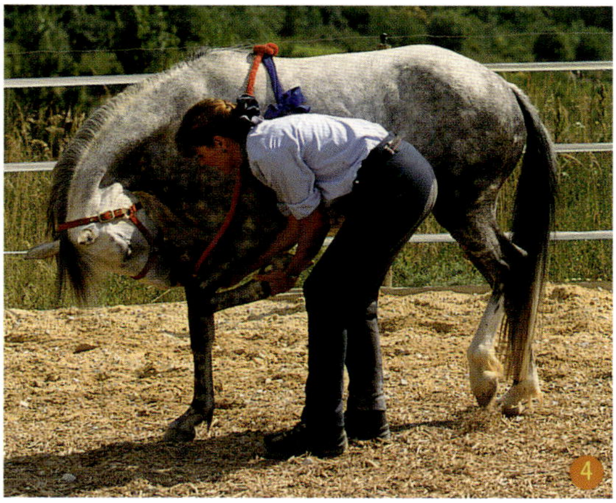

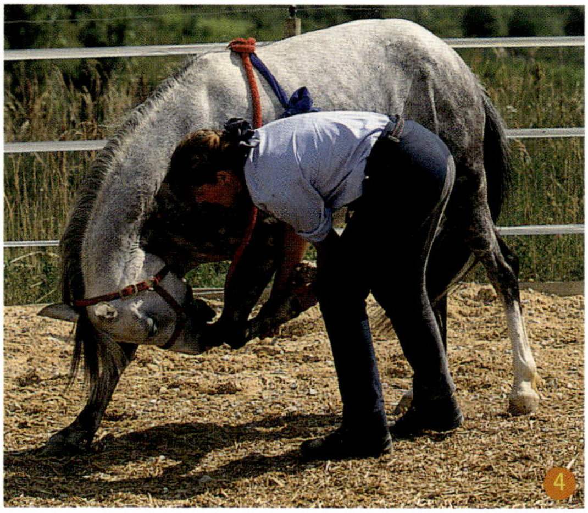

5 Irgendwann ergibt sich der nächste Schritt: Ihr Pferd berührt mit dem Röhrbein den Boden. Vielleicht bleibt es sogar einen Moment in der Stellung oder es schnellt verwundert hoch. Ab jetzt können Sie das Stimmkommando einführen. Die stetige Wiederholung bringt den Erfolg. Diesen Teilschritt erreiche ich mit meinen Schülern in einem Dreitageskurs. Es kann passieren, dass das andere Bein nicht gestreckt wird, wenn das Pferd nicht genügend weit nach hinten herausgetreten ist.

Hier gilt das Gleiche wie beim Plié. Warten Sie erst einmal ab. Viele Pferde finden es in den Wiederholungen von alleine heraus. Wenn nicht, ergänzen Sie den gleichen Schritt wie beim Plié (Beine herausstellen siehe S. 112).

6 Im nächsten Schritt werden Sie das Pferd füttern, solange es unten bleibt. Steht Ihr Pferd auf, bekommt es kein Futter mehr. Diese Konsequenz wird es bald erkennen und die Dauer des Verharrens verlängern.

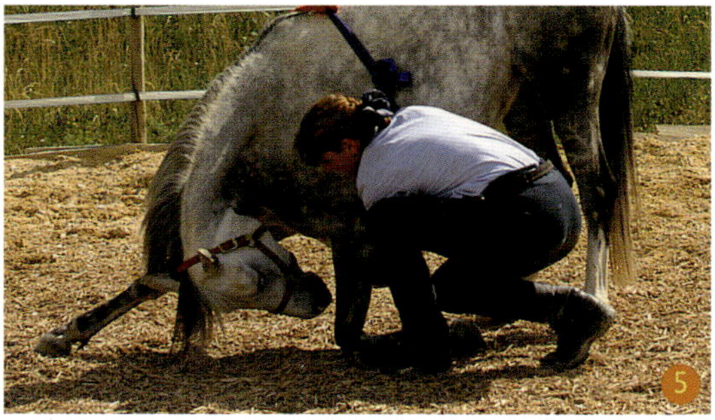

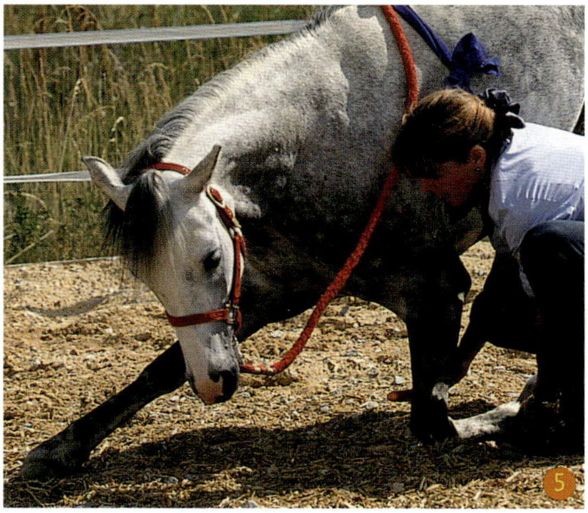

7 *freie Kopfhaltung* Sie sind bei dem Zwischenschritt angelangt, bei dem das Pferd noch immer den Kopf zwischen den Beinen hält. Jetzt verfahren Sie genauso wie bei Phase zehn im Plié (siehe S. 113). Sie integrieren das Zeichen an der Brust: Sie drücken mit der Hand gegen das Buggelenk und locken das Pferd wie immer mit der Möhre herunter in das Kompliment. Das Zeichen der Hand am Buggelenk hält das Pferd unten und Sie füttern das Pferd nun neben dem Körper oder unter dem frei getragenen Kopf. Sie haben nun das Zielbild erreicht, müssen die Lektion aber immer noch mit Ihrer Hand als Stütze einleiten.

8 Deshalb greifen Sie zur Gerte und touchieren das Röhrbein Ihres Pferdes, helfen ihm eventuell mit der Hand und heben das Bein an. Nach entsprechend häufigen Wiederholungen sollte das Pferd das Röhrbein eigenständig hochhalten. Manche Pferde muss man dazu deutlich am Röhrbein touchieren. Mit diesem Schritt hätten Sie auch beginnen können.

9 Im nächsten Schritt sollte Ihr Pferd auf Ihre Hand am Buggelenk reagieren und sich bei Druck gegen das Buggelenk absenken, während Sie mit der anderen Hand das Röhrbein touchierend hochhalten.

10 Schließlich ruft das Touchieren am vorderen Röhrbein die Lektion ab.

11 *Verharren im Kompliment* Sie hätten gerne, dass Ihr Pferd in dieser Position verharrt. Wie immer leiten Sie das über Futter ein, das Sie, je höher der Erfolg ist, „ausschleichen“. Sie treten ein wenig zurück in Richtung Schweif neben den Pferdebauch. So lange, wie Sie das Gertensignal geben, soll das Pferd verharren. Aber machen Sie es am Anfang nicht zu lang. Das Gertensignal platzieren Sie auf dem Unterarm des gebeugten Beines.

12 *Beenden der Lektion* Wichtig ist, dass das Pferd sich wieder auf Ihr Kommando hin erhebt und Sie dem Pferd zuvorkommen: Sie sagen „und, auf!“, richten sich selber auf und gehen einen kleinen Schritt nach vorne. Gratulation, Sie sind am Ziel!

Vom ersten Üben bis hierher kann viel Zeit vergangen sein. Leider kann ich keine generelle Zielzeitangabe machen. Es gibt Pferde, die Schritte vorwegnehmen und andere, denen man jeden Schritt erklären muss und die für die einzelnen Zwischenschritte sehr lange Zeit brauchen.

Prima! Sie haben es vollbracht und sogar ohne jedes Hilfsmittel.

7

Kompliment mit Fußlonge

Vorteile der Fußlonge

- Das Ziel wird schneller erreicht.
- Der Pferdekopf verschwindet gar nicht erst zwischen den Beinen, um dann wieder nach vorne gebracht werden zu müssen.
- Die Fußlonge stellt eine sichere Stütze dar und erleichtert bzw. ermöglicht das Kompliment mit großen, schweren Pferden.

Nachteile der Fußlonge

- Missbrauch und Zwang möglich.
- Falscher, unbeholfener Gebrauch, der zur überflüssigen Verunsicherung von Pferd und Mensch führt.
- Verlangt Routine, die man sich auf einem Lehrgang oder Kurs aneignen und im Training überprüfen lassen sollte.

Wenn ich im Folgenden den Gebrauch der Fußlonge beschreibe,
dann möchte ich mich an Personen wenden, die den Gebrauch sehr sorgsam abwägen oder ihn schon in einem Kurs kennen gelernt haben und nun die einzelnen Phasen noch einmal nachvollziehen wollen. Ich selbst habe den Gebrauch der Fußlonge von Richard Hinrichs gelernt. Besitzer von nicht zu großen oder schweren Pferden mit ruhigem, gelassenem Temperament können sich gut daranwagen. Besitzern von hektischen oder dominanten Pferden empfehle ich diesen Weg erst, wenn das Pferd das Kompliment ohne Fußlonge beherrscht und die Qualität der Lektion verbessert werden soll. Nehmen Sie sich für Phase eins bis acht sehr viel Zeit und lesen Sie sich vor allen Dingen den Text zu Phase neun durch, bevor Sie beginnen. Ich empfehle die Möglichkeit, erfahrene Personen oder Trainer in der Nähe um Einweisung und Hilfe zu bitten.

Kurz gesagt

Startbild: Das Pferd steht; Mensch befindet sich auf der linken Körperseite des Pferdes. Das Pferd ist ausgerüstet mit Halfter, Zügeln und Bandage
Zielbild: Das Pferd beugt ein Vorderbein, auf das es sich danach auf das Röhrbein absenkt. Das andere Vorderbein ist gestreckt. Die Streckung des Vorderbeins ergibt sich durch das Heraussetzen der Hinterhand, deren Beine parallel stehen, dennoch unter dem Pferdekörper verbleiben. Die Brust des Pferdes senkt sich ab und hält Abstand zum Boden
Körpersprache: Position neben dem Pferd, mit ihm in die gleiche Blickrichtung schauend; herunterbeugen, um die Fußlonge zu ergreifen
Stimmkommando: „Kompliment" oder ein Kommando Ihrer Wahl
Gertensignal: Touchieren gegen das linke vordere Röhrbein auf dessen Vorderseite
Wiederholungen: Jeder Übungsschritt zwei- bis dreimal oder individuell auf das Pferd abgestimmte Anzahl
Equipment: Halfter, Zügel, Bandage, Handschuhe, Futter, lange Möhren, eine Gerte, eventuell Transportgamaschen für Mensch und Pferd
Trainingsort: Halle, weicher Boden, an einer Stelle mit viel Platz hinter dem Pferd
Vorbereitung: Statue
Lektion verhindern durch: Anheben des Kopfes, vortreiben, abstreichen und mehr oder weniger energisches Anweisen zum Stehenbleiben „Hooh, Halt"

1 Beim ersten Schritt brauchen Sie eine Helferin oder einen Helfer. Ihr Pferd steht und wird von Ihrem Helfer gehalten, während Sie Ihrem Pferd die Fußlonge zeigen. Sie beide befinden sich auf der linken Pferdeseite. Legen Sie die Mitte der Longe offen um das linke Vorderbein des stehenden Pferdes. Füttern Sie das Pferd unten, so dass es die Fußlonge sieht. Beginnen Sie, mit der Longe sanft um das Bein zu schlenkern, damit sich Ihr Pferd an die Bewegung und Berührung gewöhnt. Platzieren Sie die Fußlonge offen gelassen um das Fesselgelenk. Das Fesselgelenk befindet sich auf der Hälfte der Fußlonge. Sie schlenkern nun mit den Leinen, damit das Pferd deren Kontakt akzeptiert. Heben Sie zukünftig zum Anlegen der Fußlonge nie das Bein des Pferdes hoch, sondern legen Sie diese selber um das Bein und ziehen die Schlinge zu.

1

3

2 Führen Sie das Pferd wenige Schritte, halten es an und lassen Sie es nachdenken. Wiederholen Sie dies, bis Sie das Gefühl haben, dass Ihr Pferd auch in der Bewegung keine Probleme mit der Longe am Bein hat.

3 Entfernen Sie die Fußlonge vom Bein. Die Fußlonge hat ein Ende, an dem sich eine kleine Schlaufe befindet. Durch diese Schlaufe ziehen Sie das andere Ende der Fußlonge. Dadurch entsteht eine Schlinge, die Sie dem Pferd um das Fesselgelenk legen und die Sie zuziehen. Schlenkern Sie sanft mit der Longe, führen Sie Ihr Pferd mit Ihrem Helfer einige Schritte und halten Sie es wieder an. Ziehen Sie das Ende der Longe über den Rücken des Pferdes und führen Sie es alleine. Achten Sie darauf, dass die Bewegungen des Pferdes durch die Fußlonge nicht behindert werden.

4 *Startbild* Vorsichtshalber sollten Sie ab jetzt Handschuhe tragen. Sie befestigen die Fußlonge am linken Vorderbein und gehen mit dem Pferd in die Mitte des Zirkels. Üben Sie jetzt das Schlenkern, Gehen und Halten mit festgezogener Fußlonge. Halten Sie das Pferd an und nehmen Sie die Longe in beide Hände. Sie üben nun, dass das Pferd das Bein auf Zupfen der Longe hochzieht. Sie stehen in

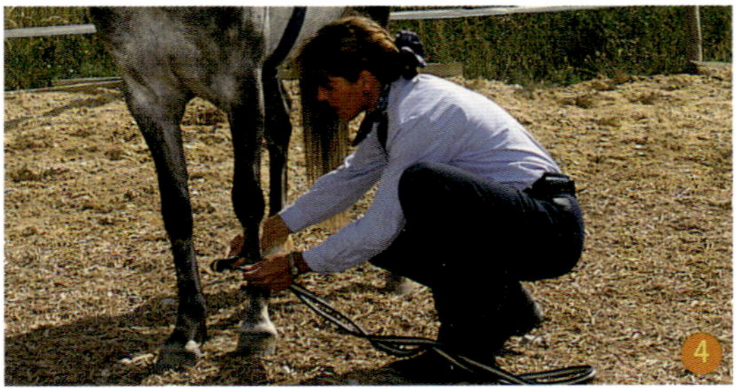
4

4

Bauchhöhe parallel zum Pferd, nach vorne blickend. Sie zupfen an der Fußlonge und sobald das Pferd abfußt, ziehen Sie das Bein mit der Fußlonge hoch, halten es einen Moment oben und lassen es wieder hinab. Wiederholen und festigen Sie diese Übung.

5 Nun legen Sie die Longe glatt und ohne Verdrehungen über den Rücken des Pferdes, greifen unter den Bauch und holen sich das Ende auf Ihre Seite. Die Longe nimmt also folgenden Verlauf: vom Fesselgelenk senkrecht hoch zum Rücken, glatt über/auf dem Rücken liegend, auf der anderen Körperseite herunterfallend und waagerecht unter dem Pferdebauch wieder hervorkommend, und zwar zwischen dem Vorderbein und der senkrecht hochgehenden Fußlonge. Letzteres ist wichtig, denn dadurch bekommt die Fußlonge mehr Halt beim Zug nach hinten.

Ab dem Moment unterscheide ich zwischen Bauch- und Fußlonge. Die Bauchlonge ist der Teil der Longe, der um den Bauch gewickelt ist und die Fußlonge der Teil der hochlaufenden 50 cm vom Huf bis zum Pferdekörper.

6 Sie befestigen die Zügel am Halfter mit Knoten und Bandage wie im Kapitel Kompliment ohne Fußlonge in Phase 1 auf S. 115.

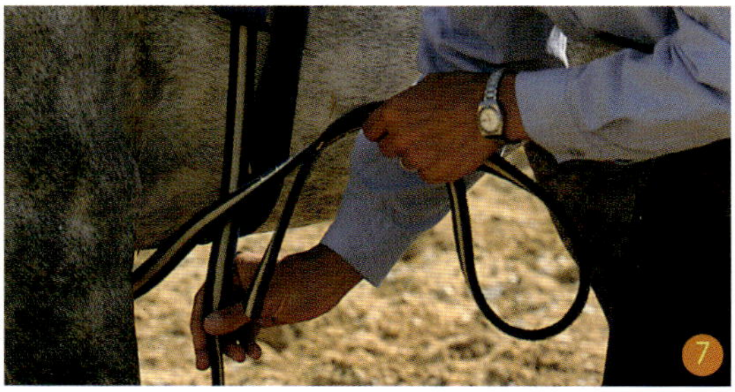
7

7 Sie stehen neben Ihrem Pferd auf dessen linker Seite in Bauchhöhe. Sie schauen mit dem Pferd in die gleiche Richtung nach vorne. Sie halten das Ende der Fußlonge in der linken Hand und greifen ca. 50 cm über dem Fesselgelenk an der hochlaufenden Longe. Sie umfassen die Longe wie den Henkel eines Bierkruges, Ihr Daumen zeigt nach oben. Sie zupfen an der Fußlonge. Das Pferd soll jetzt abfußen. Tut es das nicht, dann verlagern Sie sein Gleichgewicht durch Körperdruck gegen den Bauch auf seine rechte Schulter, so dass es sein Gewicht verlagert und bei erneutem Zupfen abfußt. Ziehen Sie sofort die Fußlonge nach. Das Röhrbein des Pferdes befindet sich jetzt in der Waagerechten, die Fußlonge fixiert es in dieser Höhe. Konditionieren Sie Ihr Pferd nun durch Wiederholung zu diesem Gehorsam. Zupfen > Bein anheben > Bein beugen > warten > Bein absenken > Pause > wiederholen.

Kommen Sie noch mit? Wunderbar! Wir haben hin und her überlegt, um für Sie verständlich zu schreiben. Uff!

5

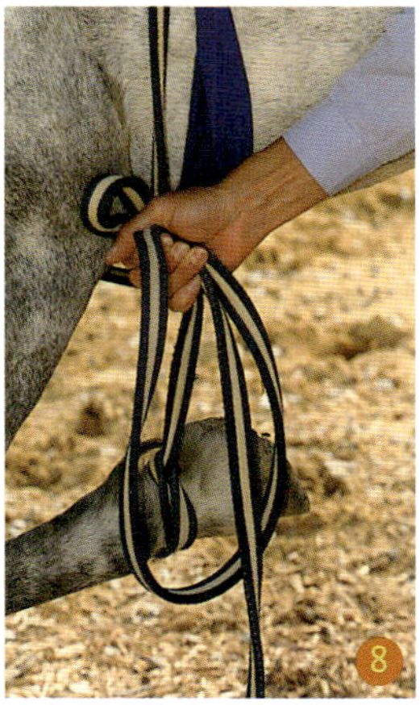
8

9

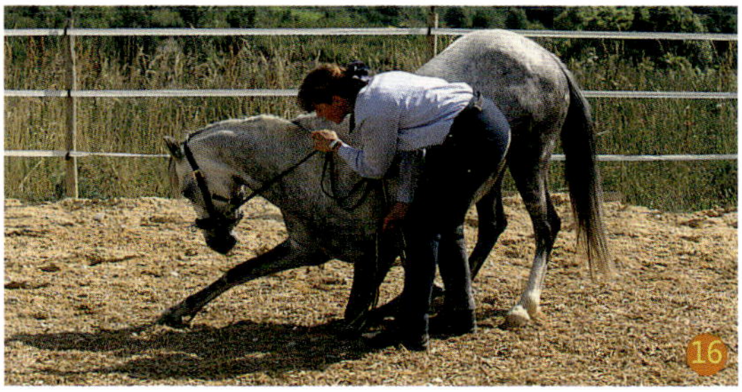
16

8 Ein Detail ist sehr wichtig: Nachdem Ihr Pferd das Bein angehoben hat und Sie die Fußlonge geordnet in der rechten Hand halten, vergewissern Sie sich, dass Ihre Hand an der tiefsten Stelle platziert ist. Würden Sie die Hand zu hoch halten (etwa an der Seite des Bauches), dann könnte Ihnen das Pferd mit Zappelbewegungen die Hand herunterziehen. Auch ist es wichtig, dass sein Bein in der Waagerechten verbleibt. Wenn es das nicht wäre, käme das Pferd beim Absenken zuerst mit der Fußspitze auf und das ist nicht gut für die Gelenke. Ihre Hand muss sich also tief an der Seite des Bauches befinden.

9 Jetzt wird es spannend. Wie reagiert Ihr Pferd, wenn es sich gefesselt fühlt? Bei explosiven Pferden sollten Sie es aus einer Schüssel Futter fressen lassen. Eine Hilfsperson hält die Schüssel. Wenn das Bein hochgehoben ist, machen Sie Ihrem Pferd das Gefesseltsein durch Zupfen an der Longe bewusst. Manche Pferde fangen an zu zappeln. Lassen Sie die Fußlonge los und beginnen Sie von neuem. Viele Pferde müssen einfach Zeit haben. Begnügen Sie sich damit, das Bein nur wenige Sekunden zu fixieren.

Falls Ihr Pferd sich tatsächlich nicht eingewöhnen kann, dann helfen Sie ihm und beruhigen Sie es mit Futter. Bisher hatte ich noch keine schlimmen „Zappelphilippe". Falls Sie das Zappeln schon von vornherein ahnen, dann schützen Sie sich und Ihr Pferd, indem Sie Transportgamaschen um Ihre und seine Beine legen. So können Sie zur Not ein Pferd auch etwas zappeln lassen.

Eine weitere Möglichkeit bleibt, indem Sie die Fußlonge so hochziehen, dass das Pferd mit dem Röhrbein an den Bauch festgezogen wird.

Sollten Pferde beim Gebrauch der Fußlonge steigen oder sogar versuchen, frei zu kommen, kann man davon ausgehen, dass zu schnell gearbeitet wurde, wie das leicht in Kursen passieren kann. Ich mache mich mittlerweile frei vom Erfolgsdruck. Ich biete meinen Schülern viele andere Ideen an, so dass wir nicht auf Biegen und Brechen zum Kompliment kommen müssen. Das Tempo bestimmt das Pferd. Darüber hinaus bezweifle ich aber, dass sich bei der hier beschriebenen Vorgehensweise eine derartige Entladung zeigt.

10 Ihr Pferd muss unbedingt lernen zu warten, damit Ihnen die Zeit bleibt, sich zu sortieren. Sie werden den Rest der Longe, den Sie hochgezogen haben, in der rechten Hand verwahren. Üben Sie diesen Schritt so häufig, dass Ihnen und dem Pferd die Details geläufig werden und Sie die Fußlonge sicher handhaben. Wenn Sie an der Fußlonge zupfen, können Sie das Wortkommando einführen. Ich sage nie „Fuß". Ich will, dass das Pferd klar zwischen Kompliment und Hufe geben unterscheidet.

11 *Wiegen* Sie halten die Fußlonge in der rechten Hand und verwahren dort die gesamte Länge in Schlaufen. Die rechte Hand hält die sich überkreuzende Bauch- und Fußlonge samt dem restlichen Ende. Die linke Hand greift in die Zügel. Sie sagen ganz leise „Zuu- rück" und ziehen ganz weich an den Zügeln und an der Bauchlonge. Das Pferd soll sich eine Rückwärtsverlagerung trauen, die Sie

Und was hat das mit dem Dressurreiten gemeinsam?

Auch wenn es passieren sollte, dass sich das Pferd durch Strampeln befreit und Sie sich somit nicht durchsetzen können, ist das nicht als vertane Chance zu werten. Ihre ruhige, beharrliche Wiederholung sichert Ihnen längerfristig den Erfolg. Es ist nicht notwendig, dass Sie von dem herkömmlichen Gedanken, sich immer durchsetzen zu müssen, beseelt sind.
Denn Geduld und Souveränität liefern den besseren Erfolg.

Das ist eine sehr wichtige Erkenntnis, die beim Dressurreiten ebenso zur Geltung kommen sollte.

sogleich dadurch abstoppen, indem Sie die Zügel loslassen und mit Ihrer linken Hand das Pferd an der Schulter nach vorne schieben. Diesen Schritt nennt man „Wiegen". Das Wiegen werden Sie so ruhig und so lange üben, bis Ihr Pferd sich zu immer größeren und tieferen Bewegungen traut und dadurch mit dem Röhrbein zum Boden kommt.

12 Bewegt sich Ihr Pferd keinen Millimeter, lassen Sie es zuvor einige Tritte normal rückwärts treten.

13 Hilft das nicht, ziehen Sie kräftiger mit der linken Hand an der Bauchlonge. Deshalb sollten Sie die Fußlonge in der rechten Hand halten, weil Sie so besser in Balance stehen und sie diagonal zur Seite ziehen können. Wiederum können Sie sich, wenn nötig, am Pferd abstützen. Sie stellen sich leicht diagonal zur rechten äußeren Schulter des Pferdes und ziehen die Bauchlonge diagonal zurück.

14 Sollte das immer noch nicht helfen, benötigen Sie einen Helfer, der das Pferd auf der rechten Seite füttert und es so immer weiter nach hinten lockt, bis es sich zum Boden absenkt.

15 Wenn auch das nicht erfolgreich ist, dann muss der Helfer das Pferd zwischen den Beinen füttern. Leider verschwindet jetzt der Pferdekopf unter dem Bauch. Ein Nachteil, den Sie eigentlich mit der Fußlonge vermeiden wollten. Er wird sich aber bald wieder eliminieren, wenn das Pferd Sie versteht und sich ohne Lockmittel absenkt.

16 Festigen Sie den Erfolg, dass Ihr Pferd sich über diesen Schritt oder über Phase elf auf den Boden abgesenkt hat.

Ich würde nun gerne wissen, ob es sich in der Stallgasse die Hufe aufnehmen lässt, ohne sich zum Kompliment abzusenken?

Wenn Ihr Pferd das verwechselt, dann binden Sie es mit hoher Kopfhaltung an, dann kann es nicht herunter. So üben Sie mehrere Tage Hufe geben.

17 Ihr nächster Wunsch ist, dass Ihr Pferd im Kompliment bleibt. Den Moment des Verharrens erreichen Sie, indem Sie das Pferd dort unten füttern, solange es unten bleibt.

Hufe auskratzen

- *in der Stallgasse*
- *Stimmkommando: „Huf"*
- *Mensch steht mit Blickrichtung zum Schweif*
- *Bein wird mit der Hand abgestrichen und der Daumen fordert den Huf auf abzuheben*
- *Absenken durch strenges „Nein" untersagen und dann sofort „Gib Huf" aussprechen*
- *Kopf des Pferdes wird hoch gehalten*

Kompliment

- *in der Halle oder an anderen Orten*
- *Stimmkommando: „ Kompliment"*
- *Mensch steht mit Blickrichtung zum Pferdekopf*
- *Das Röhrbein wird mit der Gerte touchiert*
- *Absenken wird durch Zügelzug oder Touchieren am Röhrbein veranlasst*

18 Schließlich soll das Pferd lernen, ohne Futter im Knicks zu verharren. Dazu werden Sie es nicht mehr füttern und auf den Moment warten, in dem es von sich aus aufstehen will. Ziehen Sie es sofort wieder herunter, warten ein paar Sekunden und eilen dann seinem Aufstehen voraus, indem Sie sich aufrichten und nach vorne bewegen. Im gleichen Moment rufen Sie „und, auf!“.

19 Bis dahin war die Fußlonge nicht nur Mittel zum Zweck, sondern auch das Signal für das Kompliment. Wenn Sie zukünftig ohne Fußlonge arbeiten, dann benötigen Sie ein anderes Signal. Sie ersetzen das Zupfen mit der Longe durch das Touchieren des Röhrbeins.

20 Es fehlt noch ein Schritt: Das Pferd muss sich ohne Fußlonge zum Knicks absenken. Dazu reicht es, die Fußlonge nur noch über den Rücken des Pferdes zu legen. Sie wiederholen noch einmal Phase vier. Das Pferd soll nun auf Touchieren des Röhrbeins das Bein anheben und selbstständig hochhalten. Üben und festigen Sie das.

21 Zukünftig geben Sie erst das Signal am Röhrbein und ziehen, falls erforderlich, nach einigen Sekunden das Pferd mit der Fußlonge abwärts. Irgendwann wird das Pferd das Signal der Fußlonge verstehen und sich auf das touchierende Zeichen absenken.

22 Sie halten nun das Bein mittels Touchieren oben, während Sie über die Zügel das Zeichen zum Absenken geben. Hurra, hurra, endlich haben Sie das Zielbild erreicht!

Tabea hat ihr eigenes Zeichen. Der Druck der Bauchlonge stellte für sie das Signal dar. Ich habe also die Fußlonge nur um den Bauch gelegt und touchierte das Röhrbein oben mit der Gerte. Auf den Druck an der Fußlonge senkte sie sich ab. Als sie das immer ganz automatisch machte, entfernte ich die Fußlonge. Sie reagiert jetzt allein auf das Gerten- und Stimmsignal.

Was ist, wenn...
... sich Ihr Pferd ungewollt ablegt?

Es kann zu jeder Zeit in der Arbeit mit und ohne Fußlonge passieren, dass Ihr Pferd die Balance verliert und sich ablegt. Ich schlage sofort Profit aus zufälligen Bewegungen, von denen ich weiß, dass sie schwer zu erreichen sind. Legt sich ein Pferd überraschend hin, versuche ich es sofort über Futter unten zu halten. Auf keinen Fall versuche ich es, wie später beschrieben, beim Flachliegen unten zu halten.
Sie können das nur wagen, wenn Sie ein super cooles Pferd haben. Und Sie müssen wissen, wie man ein Pferd sicher unten hält, siehe S.124. Beim nächsten Versuch des Kompliments sollten Sie es durchaus zu Gunsten des Liegens überspringen und das Kompliment später erneut erarbeiten. Das Kompliment kriegen Sie nämlich immer wieder zurück, indem Sie bei kurzer Zügelführung den Kopf des Pferdes angehoben lassen.

Liebe Leserinnen und Leser: Es ist eine unsagbare Arbeit, Handgriffe, über die ich gar nicht mehr nachdenke, so ausführlich niederzuschreiben. Ich danke Ihnen, denn ich muss durch Sie umso genauer werden! Ich hoffe, dass jeder den Text verstehen und begreifen kann. Daher: Bravo, wem werden Sie das Kompliment als Erstes zeigen?

Es ist wirklich sehr schön!

A genoux

Das Knien ist die natürliche Verlaufsform des Pferdes sich abzulegen, deshalb legen wir Wert auf diese Lektion, um daraus das Liegen zu erhalten. Gegenüber dem Kompliment stellt es für das Pferd auch die angenehmere Art sich hinzulegen dar. Es ist durchaus möglich, das Pferd aus dem Kompliment (siehe S. 132) hinzulegen. So muss man leider notgedrungen verfahren, wenn sich das Pferd aus bestimmten Gründen nicht ins A genoux begibt.

Es gibt drei Wege, ins Knien zu kommen.

A genoux aus dem Kompliment Bei den meisten Pferden muss die Lektion erarbeitet werden, deshalb beginne ich zunächst die entsprechenden Übungsschritte zu beschreiben. Manchmal bekommt man die Lektion geschenkt, wie in der zweiten Verlaufsform (siehe S. 126), die ich nachstehend beschreibe. Lesen Sie sich diese zunächst durch. Erproben Sie diesen Weg, denn dann hätten Sie Zeit gespart. Wenn das Knien per spielerischem Reflex nicht gelingt, dann lesen Sie hier weiter. Die Situation beginnt genauso wie das Kompliment mit der gleichen Ausrüstung.

Startbild Sie befinden sich auf der linken Seite des Pferdes, halten es mit der linken Hand fest, während die rechte Hand die Gerte bedient. Ihr Körper ist dem Schweif zugekehrt. Ihr Pferd verharrt nun im Kompliment. Sie touchieren entweder das gestreckte Röhrbein auf der Vorder- oder Rückseite. Da Ihr Pferd dieses Zeichen kennt und mit dem Beinbeugen assoziiert, ergibt sich daraus das Knien. Falls Ihr Pferd so nicht reagiert, fahren Sie mit dem nächsten Schritt fort.

Ihr Pferd beherrscht das Kompliment auf einer Seite. Sie erarbeiten das Kompliment nun ebenso auf der anderen Seite. Ihr Pferd muss unbedingt im Kompliment verharren können. Sie können sich auch wieder der Fußlonge bedienen, falls Ihr Pferd aus dem Kompliment ungefragt aufspringt.

Üben Sie Kompliment rechts und links, schließlich in schneller Abfolge in wenigen Sekunden wechselnd.

Sollten Sie bis zum derzeitigen Moment ohne Fußlonge ausgekommen sein, müssen aber feststellen, dass Sie ohne diese jetzt nicht

Kurz gesagt

Startbild: Das Pferd steht und die Trainingsperson steht auf Schulterhöhe mit Blick in Richtung Schweif
Zielbild: Das Pferd kniet auf seinen Röhrbeinen. Die Vorderbeine sind im rechten Winkel gebeugt. Die Hinterbeine stehen weit unter dem Bauch offen und parallel. Das Pferd trägt den Kopf frei angehoben deutlich über dem Boden
Körpersprache: Herunterneigen des Oberkörpers. Körper in Schweifrichtung gedreht
Stimmkommando: „A genoux“ oder ein Kommando Ihrer Wahl
Gertensignal: Abwechselndes Touchieren der Vorderseite der vorderen Röhrbeine
Wiederholungen: Jeder Übungsschritt zwei- bis dreimal oder individuell auf das Pferd abgestimmte Anzahl
Equipment: Halfter mit Zügeln, Gerte
Trainingsort: Halle, umzäunte Fläche, weicher Boden
Vorbereitung: Das Kompliment evtl. sogar beidseitig
Lektion verhindern durch: Kopf hochhalten, Vorwärts treiben, Abstreichen und mehr oder weniger energisch „Hooh, Halt“ anweisen

weiterkommen, dann bleibt Ihnen nichts anderes übrig, als sich ihrer zu bedienen. Am besten lassen Sie sich durch eine erfahrene Person einweisen oder erarbeiten den Gebrauch nach meinen Beschreibungen auf S. 119 f. Sollte Ihr Pferd allerdings leicht explodieren, dann arbeiten Sie auf keinen Fall ohne praktische Einweisung.

Ist Ihr Pferd in der Position des Kompliments zu tief mit der Brust abgesenkt, dann lassen Sie sich von einer Person helfen, die den Kopf des Pferdes hochhält oder hoch füttert oder am Halfter sanft nach vorne oben führt, so dass das Pferd zunächst das Kompliment verbessert und lernt, sich entsprechend mit den Beinen zu stützen. Es sind sowohl die Vorder- als auch die Hinterbeine, die die Last des Körpers aufnehmen, daher ergibt sich diese Problematik auch eher bei großen und/oder schweren Pferden. Es ist durchaus möglich, dass es einige Tage oder Wochen dauern wird, bis Sie das Kompliment korrigiert haben.

Falls Ihr Pferd nicht auf das Touchieren des Beines reagiert, können Sie auch versuchen, das gestreckte Bein sanft mit der Fußlonge seitlich rückwärts zu führen, so dass das Bein gebeugt wird. Auch bei diesem Schritt benötigen Sie eine Hilfsperson. Wenn Sie das einige Male so ausgeführt haben, dann vollzieht Ihr Pferd diesen Schritt schließlich eigenständig auf das touchierende Zeichen hin.

Damit sich Ihr Pferd jetzt in der knienden Situation nicht mit der Brust absenkt, zupfen Sie es mit den Zügeln hoch. Sie haben dazu die Zügel am Halfter befestigt und verknotet, so dass sie nur halblang sind. Mit Paraden zupfen Sie den Kopf in eine angehobene Position. Das kann auch später das Zeichen sein, ein Hinlegen zu verhindern.

Falls das nicht gelingt, lassen Sie sich durch eine Person helfen, die den Kopf des Pferdes hochhält oder hoch füttert.

So, nun haben Sie das Zielbild erreicht und ich freue mich mit Ihnen. Sie haben mal wieder eine Menge dazugelernt, sich auf Ihr Pferd eingestellt, nachgedacht, sich geduldig erwiesen und Ihre Qualitäten als Trainer/in Ihres Pferdes verbessert.

Prima, das freut mich.

A genoux aus spielerischem Instinkt Es lohnt sich zu überprüfen, ob Ihr Pferd nicht ganz spontan auf Beugen beider Beine reagiert, wenn Sie sehr unvermittelt und wenig zaghaft, aber dennoch nicht brutal das Pferd fast gleichzeitig vorne auf beiden Röhrbeinen der Vorhand touchieren. Halten Sie Ihr Pferd unbedingt am Halfter fest, damit es nicht versucht, mit einem Sprung zu entkommen. Ziehen Sie den Kopf vorwärts-abwärts herunter. Sie müssen sehr weit zur Seite treten, denn das Pferd könnte aus Reflex nach vorne ausschlagen, was allerdings sehr unwahrscheinlich ist. Es kann sein, dass das Pferd beide Beine zugleich beugt oder, auf dem einen aufgekommen, das andere nachzieht. Reagiert Ihr Pferd nicht unverzüglich mit dem spielerischen Reflex, sich hinzuknien, dann können Sie nicht auf diese Möglichkeit bauen und gehen andere Wege.

A genoux ist ein sinnvoller Zwischenschritt zum Hinlegen.

Diese Verlaufsform klappt meist bei sehr sensiblen oder rohen Pferden oder bei Pferden, die viel mit anderen spielen. Im Spiel beißt ein Kamerad den anderen in das Vorderfußwurzelgelenk und um sich zu schützen, beugt sich das herausgeforderte Pferd auf die Knie und steht daraus wieder auf.

Tanzend in die Kniebeuge Mit Tabea muss ich diesen Weg gehen, denn sie ist häufig zu tief im Kompliment.

1 *Startbild* Sie stehen am Kopf des Pferdes und halten es dicht am Halfter fest, damit es nicht ausweichen kann. Das Pferd befindet sich auf dem Hufschlag, um es seitlich zu begrenzen.

2 Sie touchieren das innere Bein und das Pferd soll das Bein abheben.

3 Dann touchieren Sie das andere Bein mit dem gleichen Ziel.

4 Arbeiten Sie in aller Ruhe, denn Ihr Pferd soll jetzt nicht aus einem hektischen Reflex heraus agieren, sondern weil es die Übung versteht.

5 Reagiert Ihr Pferd immer in gewünschter Weise, dann gehen Sie mit ihm zurück in die Bahn und üben Sie dort das wechselseitige Anheben der Beine.

Sie touchieren im schnellen Wechsel mal das eine, dann das andere Bein, so dass das Pferd von einem zum anderen Bein tanzt. Üben Sie das einige Tage lang.

6 Nach dieser Zeit stellen Sie sich mit dem Pferd in die Bahn und lassen es den Kopf vorwärts-abwärts senken. Sie führen die bisherige Übung unvermittelt und mit schneller Abfolge des Touchierens aus, so dass das Pferd das tut, was Sie ihm vermitteln wollen, nämlich beide Beine gleichzeitig beugt und somit ins Knien kommt.

7 Vielleicht brauchen Sie eine Person, die Ihnen hilft. Sie wird verhindern, dass das Pferd rückwärts ausweicht und Sie werden als Gegenmaßnahme das Pferd vor der Lektion nach vorne antreten lassen. Manche Pferde finden durch den Vorgang, nach vorne geführt zu werden, in das Knien. Diese Bewegung nach vorne ist ein Detail, das die Bewegung des Kniens enthält. Damit sich ein Pferd knien kann, muss es sein Gewicht von hinten nach vorne verlagern.

Das Ausharren und Aufspringen Irgendein Weg hat also nun dazu geführt, dass Ihr Pferd kniet. Ist Ihr Pferd schon längst wieder aufgestanden, dann brauchen Sie sich über diesen Ablauf schon einmal keine Gedanken zu machen. Aber Sie wünschen ja nun, dass es im Knien verbleibt. Schnell legen Sie sich die Gerte in die linke Hand, drehen sich mit dem Gesicht in die gleiche Richtung, in die Ihr Pferd schaut und legen die rechte Hand auf den Rücken als Zeichen des Verharrens. Das regelt häufig die Zeit mit den entsprechenden Wiederholungen. Falls nicht, dann füttern Sie Ihr Pferd in der Position der Kniens.

Als Nächstes soll sich Ihr Pferd auf das Kommando „und, auf" erheben. Sprechen Sie

Kompliment

- *Person steht parallel zum Pferd und blickt in die gleiche Richtung*
- *Gerte touchiert ein Bein von hinten*
- *Kommando: „Kompliment"*
- *Als Ausdruck des Verharrens einen kleinen Schritt zurücktreten*

A genoux

- *Person steht parallel zum Pferd mit Blickrichtung zum Schweif*
- *Gerte in der rechten Hand*
- *Beide Beine werden vorne touchiert*
- *Stimmkommando: „A genoux"*
- *Jetzt dreht sich die Person um und legt die Hand auf den Rücken*
- *Die Gerte wird in die linke Hand gewechselt*

die Worte, richten Sie sich gleichzeitig abrupt auf und gehen einen Schritt nach vorne. Entweder springt Ihr Pferd auf oder es setzt ein Bein nach dem anderen vor und stemmt sich so wieder hoch. Beides ist in Ordnung. Fehlt ihm die Idee, was es machen soll, dann greifen Sie mit der linken Hand an das Halfter, geben das zupfende Signal zum Antreten und gleichzeitig ein touchierendes Zeichen auf die Kruppe. Passiert immer noch nichts? Na, das ist ja lustig! Wer von Ihnen beiden hat den längeren Atem? Ach, übrigens, wir sind immer noch nicht fertig, denn jetzt entsteht die Frage, wie das Pferd das Knien vom Kompliment unterscheidet (siehe S. 127). So, nun hoffe ich, dass Sie und Ihr Pferd über den einen oder anderen Weg mit Erfolg die Übung beherrschen, die Ihnen zum Liegen sehr weiterhilft.

Liegen (aufrecht)

Hier stellt sich als Erstes die Frage, wird sich Ihr Pferd mit oder ohne Fußlonge ablegen? Wenn Sie bis zum Kompliment ohne Fußlonge gekommen sind, dann sollten Sie versuchen, weiterhin ohne auszukommen.

Hinlegen (aufrechtes Liegen) über das Wälzen „Oh, je,..“ höre ich jetzt meine Kollegschaft raunen. Entschuldigung, warum eigentlich nicht, wenn es hilft? Mir haben schon x Schülerinnen gezeigt, dass sie auf diesem Wege, ganz entgegen anderer Prophezeiungen, die sie zum Glück gar nicht kannten, ein abrufbares Liegen erreicht haben. Ich auch! Ich bin mit Tabea, die ich sehr vorsichtig arbeiten muss, diesen Weg erfolgreich gegangen: über das Wälzen zum Liegen und dann über das Kompliment zum Liegen.
Der Verlauf über das Wälzen bietet sich insbesondere für schwierige (dominante, explosive) oder große und schwere Pferde an. Besonderen Erfolg hat er bei Pferden, die gerne mitarbeiten oder alles für Futter tun.

Ein berechtigter Grund, nicht über das Wälzen zu arbeiten, stellt sich in der Kurssituation. Es besteht oft nicht genug Zeit für diese Situation, die sich mangels Abrufbarkeit unabsehbar hinzieht. Zuhause können Sie aber diese Trainingsform durchaus versuchen.

1 *Startbild* Sie haben ein Pferd, das sich regelmäßig und gerne nach der Arbeit wälzt. (Wenn nicht: Pech gehabt, diese Möglichkeit bleibt Ihnen verschlossen.)

Kurz gesagt

Startbild: Stehendes Pferd
Zielbild: Aufrecht liegendes Pferd: Das Pferd liegt mit dem Körper auf dem Boden, es hat die Beine unter dem Bauch gewinkelt, Hals und Kopf erhoben und trägt den Kopf frei
Flach liegendes Pferd: Mit dem gesamten Körper auf dem Boden liegend, Kopf und Hals sind auf dem Boden abgelegt
Körpersprache: Ergibt sich aus der Ausgangslage

1. Das Herunterbeugen und Ergreifen des Beins oder der Fußlonge zum Kompliment oder
2. Selber mit dem Fuß scharren und sich klein machen

Stimmkommando: „Down“ oder ein Kommando Ihrer Wahl
Gertensignal: Abwechselndes Touchieren von Bauchunterseite und vorderen Röhrbeinen (Rückseite) oder sogar hinteren Röhrbeinen (Rückseite)
Wiederholungen: Jeder Übungsschritt zwei- bis dreimal oder individuell auf das Pferd abgestimmte Anzahl
Equipment: Halfter mit Zügeln, Bandage, Handschuhe, Futter, eine Gerte
Trainingsort: Halle, weicher Boden, an einer Stelle mit viel Platz hinter dem Pferd
Vorbereitung: Kompliment oder A genoux
Lektion verhindern durch: Treiben zum Schritt oder sogar zum Trab, Stehenbleiben verbessern, den Kopf hoch halten

Folgende Zeremonie findet zukünftig immer nach der Arbeit statt. Sie werden Ihr Pferd von nun an beim Wälzen begleiten. Sie bleiben auf drei bis vier Meter Abstand stehen und beobachten Ihr Pferd bei dieser Bewegung. Wie viel Platz nimmt Ihr Pferd in Anspruch? Wo müssen Sie sich befinden, wenn Sie ganz nah an es herankommen wollen? Natürlich vorne vor dem Pferd, immer bereit, den Abstand zu vergrößern. Sie werden diesen Ablauf festigen. „Liebes Pferd, zukünftig bin ich immer in Deiner Nähe, wenn du dich wälzt." Ihr Pferd wird sich daran gewöhnen.

Sie verfolgen es also auf Schritt und Tritt, gehen seine Drehungen mit, beugen sich selber zu Boden, animieren das Pferd durch Scharren, dass es sich ablegt und wälzt.

Viele Tage später werden Sie versuchen, in dem Moment, in dem es sich ablegt, in großem Abstand, mit lang ausgestrecktem Arm ihm Futter zu reichen.

Vielleicht wird es das zuerst ignorieren und seinen üblichen Ablauf des Wälzens einhalten, deshalb müssen Sie auch auf Abstand bleiben, aber vielleicht gelingt Ihnen, nachdem es sich gewälzt hat und noch unten liegt, es zu füttern. Falls nicht, geben Sie nicht auf, sondern wiederholen Sie diesen Ablauf immer wieder. Es wird schon bald klappen. Das zeigen jedenfalls die Versuche der Schüler, die ohne Anleitung das Liegen „selbst gestrickt" haben.

2 Es gelingt Ihnen also, Ihr Pferd, nachdem es sich gewälzt hat, zu füttern. So lange wie es unten bleibt, füttern Sie es!!! Das Pferd liegt in dieser Phase aufrecht. Zögern Sie nicht, ihm uneingeschränkte Mengen zu geben. Steht es auf, erhält es kein Futter mehr.

3 Bald wird es sich füttern lassen, nachdem es sich ablegt, noch bevor es sich wälzt. Schließlich beginnt das Pferd, das Gefüttertwerden zu genießen und findet es sogar ganz drollig, dass es Futterlob – und zwar jede Menge – für etwas bekommt, das seinem Bedürfnis entspricht! Wahrscheinlich ist das die erste und einzige Erfahrung dieser Art in seinem Pferdeleben! Sie festigen diesen Ablauf über Tage.

4 Schließlich legt sich Ihr Pferd ab und verzichtet zunächst oder überhaupt ganz auf das Wälzen, in der Erwartung auf „Frühstück im Bett!". Prima! Super! Genial! Wissen Sie, wer sich gerade freut? Sie beide! Und zwar, weil jeder diesen Verlauf genial findet: Erstens gibt es Frühstück im Bett (Pferd) und zweitens denken beide „endlich habe ich erreicht, was ich wollte". Das Pferd freut sich doppelt. Das provoziert doch schon wieder ein Grinsen.

5 Wenn sich Ihr Pferd nun immer in Ihrer Nähe ablegt und sich nicht mehr wälzt, können Sie näher an es herantreten und ein Signal integrieren. Das kann Touchieren mit der Gerte auf der Bauchunterseite sein.

6 Allmählich können Sie die Lektion mit diesem Zeichen abrufen.

7 Wenn die Zuverlässigkeit der Übung immer größer wird, können Sie die Signale vervollständigen.

Zum Hinlegen gibt man ein Zeichen unter der Bauchseite und an den Röhrbeinen der Hinterhand, falls das Pferd daran erinnert werden muss, dass diese Beine untertreten sollen und sich beugen müssen, oder an den vorderen Röhrbeinen, um das Gleiche, nämlich das Beugen, zu veranlassen.

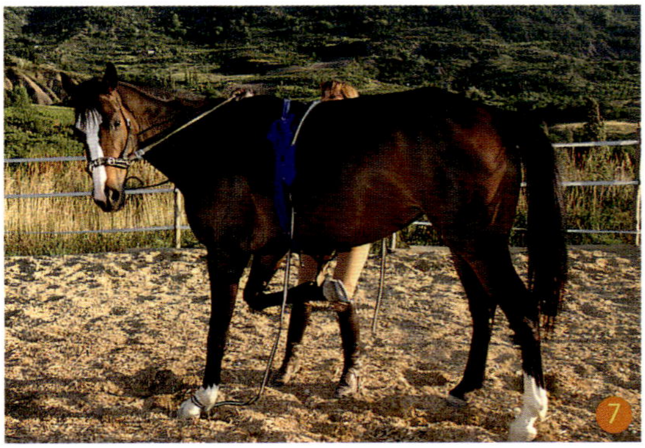

Was ist, wenn …
… das Ablegen durch Wälzen nicht abrufbar wird?
Sollten Sie nach stetigem Üben in dem Schritt stecken bleiben, da Ihr Pferd vor dem Ablegen erst einmal stundenlang um die Vorderbeine herumkreiselt oder sogar wieder eine neue Stelle suchen geht, dann werden Sie ein Ablegen mit Fußlonge oder über das Kompliment erarbeiten müssen.

Tabea hat das Hinlegen durch einen „gemischten" Verlauf gelernt: Als Erstes über das Wälzen und dann haben wir über das Kompliment mit Fußlonge weitergearbeitet. Nur, oh Schreck, hat sie sich natürlich dabei auch gewälzt und da wurde es gefährlich. Ich konnte sie nicht durch ein Flachliegen daran hindern (siehe auch „Wälzen verhindern" S. 135), weil ich sie in keinem Fall über die Zügel dirigieren konnte. Sie war hochexplosiv und die Bewegungen, die dann folgten, zu gefährlich. Also habe ich sie sich wälzen lassen und dann wie beschrieben ab Phase zwei mit Leckerlis unten gehalten.

Was ist, wenn …
… Sie die Seite des Ablegens nicht bestimmen können?
Das ist das Argument, weshalb viele Ausbilder diesen Weg ablehnen: Sie können nicht bestimmen, zu welcher Seite sich Ihr Pferd ablegen wird. Wahrscheinlich wird es sich sogar immer mit Kopf und Beinen zu Ihnen hin ablegen, weil es Sie nicht im toten Winkel hinter sich haben will. Ist es denn nötig, die Seite des Ablegens bestimmen zu können? Zunächst nicht, denn wenn sich Ihr Pferd aufgrund der häufigen Wiederholungen ruhig ablegt, kann Ihnen zumindest nichts passieren. Die berechtigte Kritik betrifft also die Abrufbarkeit. Das Ziel ist also, dass Sie, wo und wann auch immer Sie wollen, Ihr Pferd mit einem entsprechenden Zeichen zum Ablegen auffordern können. Falls Sie jedoch Ihr Pferd Flachliegen oder Sitzen lassen wollen, fällt das Nicht-bestimmen-Können der Seite nur dadurch auf, dass Sie eventuell die Seite wechseln müssen. Wollen Sie das nicht, dann müssen Sie das Hinlegen mit oder ohne Fußlonge erarbeiten wie ab S.131 beschrieben.

Hinlegen (aufrechtes Liegen) aus dem Kompliment ohne Fußlonge Nur wenigen gelingt dieser Verlauf, aber zu Gunsten der Freiwilligkeit sollte er von Ihnen lange genug ausprobiert werden.

1 *Startbild* Ihr Pferd ist gehalftert, mit Zügeln und Bandage versehen (Ausrüstung für Kompliment siehe S. 115). Sie stehen auf der rechten Seite und bieten Ihrem Pferd auf Höhe der Gurtlage Futter an, so dass es den Hals biegt. Sie festigen diesen Schritt durch Wiederholungen. Sie klopfen an die Gurtlage und reichen Futter. Das Pferd lernt: Immer, wenn Sie dort klopfen, bekommt es Futter.

2 Wechseln Sie auf die linke Seite, greifen mit dem rechten Arm über den Rücken des Pferdes, klopfen auf die rechte Bauchseite und reichen ihm dort Futter.

Sollte Ihr Pferd sehr groß sein, müssen Sie sich auf eine stabile Unterlage stellen, wie Sie diese auch zum Aufsitzen benutzen. Oder besteigen Sie etwa Ihr großes Pferd vom Boden aus? Das sollten Sie ändern. Eine Aufsteighilfe ist besser für Ihr Pferd, Ihre Bandscheiben und Ihren Sattel.

3 Darauffolgend können Sie das seitliche Halsbiegen Ihres Pferdes abrufen. Die Zügel sind an den seitlichen Ringen im Halfter befestigt.

4 Sie lassen Ihr Pferd einige Komplimente ausführen und biegen es schließlich, bevor es sich absenkt, im Hals nach rechts. Diesen Schritt muss es in Ruhe kennen und beurteilen lernen. Sie können es unterstützen, indem Ihr Pferd durch eine Hilfsperson – auf der rechten Seite stehend – mit lang ausgestrecktem Arm gefüttert wird.

5 *Wiegen* Wenn Ihr Pferd die vorherige Phase gut genug kennen gelernt hat, vertrauen Sie in der folgenden darauf, dass es im Kompliment mit seinem Gleichgewicht spielt, während der Balanceverschiebungen die Sprunggelenke beugt und bemerkt, dass das nicht allzu schlimm ist. Schließlich wird es sich zu Boden plumpsen lassen und wahrscheinlich aufgrund des Biegens mit dem Bauch in Ihre Richtung zugewandt sein.

6 Oder Sie versuchen den Weg über das A genoux, indem Sie es auf Antippen mit der Gerte an der rechten Vorderröhre ins Knien bitten. Sie biegen das Pferd nach rechts außen und lassen es in dieser Position knien. Sie veranlassen dann die Position, erst wenn es kniet. Jetzt warten Sie genauso wie im Kompliment auf das Wiegen und Sich-fallen-Lassen.Sollten Sie mit irgendeinem dieser Wege Erfolg gehabt haben, freue ich mich für Sie, denn der Weg der Freiwilligkeit ist mir der liebste!

Was ist, wenn ...
... Ihr Pferd sich trotz der sorgsamen Vorübung nicht biegen lässt?
Ich gehe davon aus, dass Sie die Vorübung schon sehr häufig ausgeführt haben, so dass Ihr Pferd wissen sollte, was es tun soll. Manche Pferde wollen sich aber am Halfter nicht biegen lassen. Sie versteifen sich im Hals oder Genick, und am Halfter ist man nicht in der Lage, diese Situation zu beeinflussen. Nehmen Sie eine Schenkeltrense (auch Knebeltrense genannt) zu Hilfe. Das Gebiss kann sich beim seitlichen Zug nicht durchs Maul ziehen und wird Ihnen effektiv helfen.

Warum ist das Liegen schwierig für das Pferd, legt es sich doch innerhalb von 24 Stunden mehrfach ab? Meiner Meinung nach erschwert das Zusammenspiel mit dem Menschen die Übung. Zwar ist das Hinlegen als solches dem Pferd wohl vertraut, aber der bewusste Ablauf einer sonst alltäglichen, intuitiven Bewegung ist zudem merkwürdig für das Pferd. Vor allem muss es abschätzen, was der Mensch da hinter seinem Rücken tut. Befindet er sich doch in einer Position, aus der sich das Pferd von einem Raubtier auf keinen Fall angreifen lassen will. Vielleicht will es den Menschen auch nicht zu Schaden kommen lassen. (Eine solche Rücksichtnahme kenne ich sehr wohl von Ben.) So wohl überlegt und rücksichtsvoll kann ein Pferd nicht kalkulieren, wo und wie wir uns in seinem toten Winkel befinden. Das Verschwinden im toten Winkel wird das Pferd sicherlich ebenso irritieren. Kennen wir doch die Irritationen des Pferdes, wenn wir es zum ersten Mal reiten, in der Kutsche fahren oder an der Doppellonge in den toten Winkel geraten.

Es geht also darum:

- ***dem Pferd den Ablauf verständlich zu machen,***
- ***das Pferd die Situation beurteilen zu lassen,***
- ***dem Pferd genug Zeit zu lassen,***
- ***den Verlauf so zu gestalten, dass sich das Pferd für eine positive Beurteilung entscheidet***

Nur so kann das Pferd die Lektion akzeptieren und bereit sein, sie zukünftig abrufbar zu zeigen.

Diesen Prozess nennen die meisten Ausbilder „Vertrauen gewinnen“. Das Hinlegen und seine Problematik stellt für mich immer wieder den Beweis dar, dass es nicht nur darum geht, ein Pferd zu etwas zu befähigen, sondern es vor allem zum Verstehen und Akzeptieren zu bewegen.

Was hat das mit dem Dressurreiten gemeinsam?

Wir müssen dem Pferd den Ablauf verständlich machen (zum Beispiel ein Schulterherein im Trab zunächst an der Hand).

Wir sollten die Situation so gestalten, dass das Pferd die Anforderung positiv beurteilt (schon nach wenigen Tritten anhalten und großartig belohnen), damit es daraus resultierend die Lektion akzeptiert, diese von sich aus anbietet, und damit beweist: „Ich habe verstanden und bin hochmotiviert.“ Schließlich hat es so viel Spaß an der Bewegung, dass es anfängt zu brillieren. Wenn Sie auf dem Weg Freude gezeigt haben und begeistert waren, dann wird Ihr Pferd mit Ihnen zusammen lachen.

Hinlegen aus dem Kompliment mit Fußlonge

1 Der idealste Weg ist, das Pferd aus dem Kompliment ins Knien und daraus ins Liegen zu bringen. Erarbeiten Sie den Weg vom Kompliment zum Knien wie zuvor auf S. 131 beschrieben.

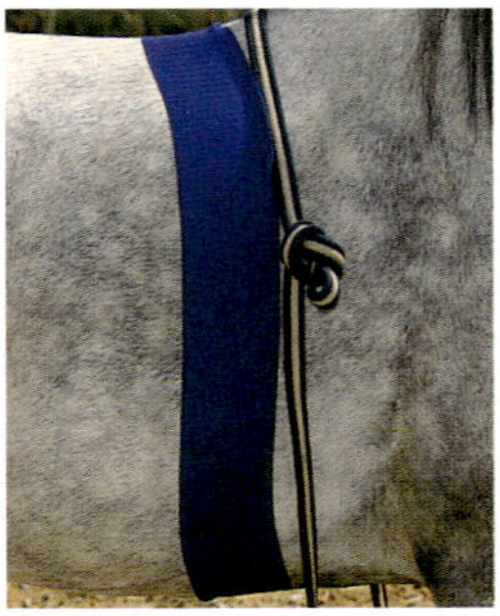

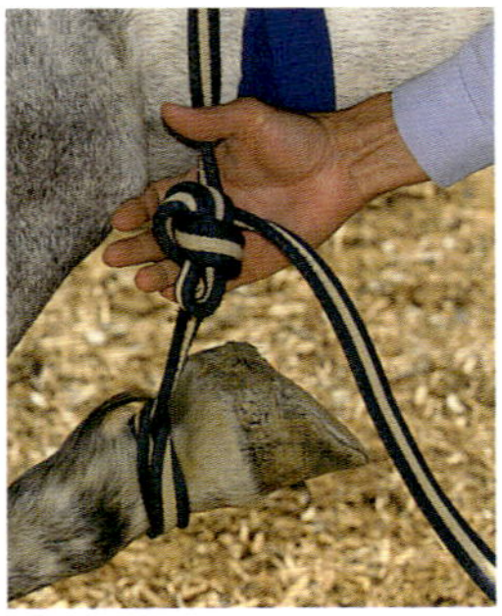

2 Trainieren Sie das Halsbiegen bis zu 90°. Jeweils von beiden Seiten locken Sie das Pferd mit Futter in diese Bewegung, anschließend biegen Sie den Hals über die Zügelführung.

Danach stehen Sie auf der linken Seite des Pferdes, fordern es ins Kompliment und biegen nach Absenken das Pferd von sich weg nach rechts. Erhebt sich das Pferd, brauchen Sie zunächst nichts zu tun. Sie streicheln es und wiederholen den Vorgang. Allmählich werden Sie die Sache steigern. Wenn es sich erhebt, dann führen Sie es wieder zurück ins Kompliment und verlängern den Zeitraum. Denken Sie daran, es geht darum, dass Ihr Pferd Sie versteht und die Übung akzeptiert.

2

2

2

2

3 Lassen Sie also keinen Zwang aufkommen, sondern überzeugen Sie durch Ihre liebevollen, aber beharrlichen, konsequenten Wiederholungen. Schließlich bleibt das Pferd eine längere Zeit unten, vielleicht ist es auch schon längst hingeplumpst. Wenn nicht, dann schaukeln Sie es etwas auf sich zu. Üben Sie das Wiegen, wie Sie es auch schon bei der Entwicklung des Kompliments getan haben. Vielleicht wird es ja jetzt einen Moment weich in den Sprunggelenken. Loben Sie ausführlich. Wenn es sich das auch nicht traut, machen Sie eine Zwischenübung.

5 Jetzt kombinieren Sie das mit dem Kompliment. Sie wollen, dass Ihr Pferd in dem Moment des Kompliments weich in den Sprunggelenken wird. Das Abfußen der Hinterbeine ist der erste Schritt dazu.

Das Pferd wagt schließlich, immer mehr die Beine zu beugen und fällt dadurch zu Boden. Stützen Sie ein ruhiges, Halt suchendes Pferd zum Ablegen mit dem Knie ab. Dies gibt ihm das nötige Vertrauen, das Hinlegen zu wagen.

Einem agilen Pferd, das unvermittelter reagiert, lassen Sie genügend Raum sich abzulegen, indem Sie seitlich weichen.

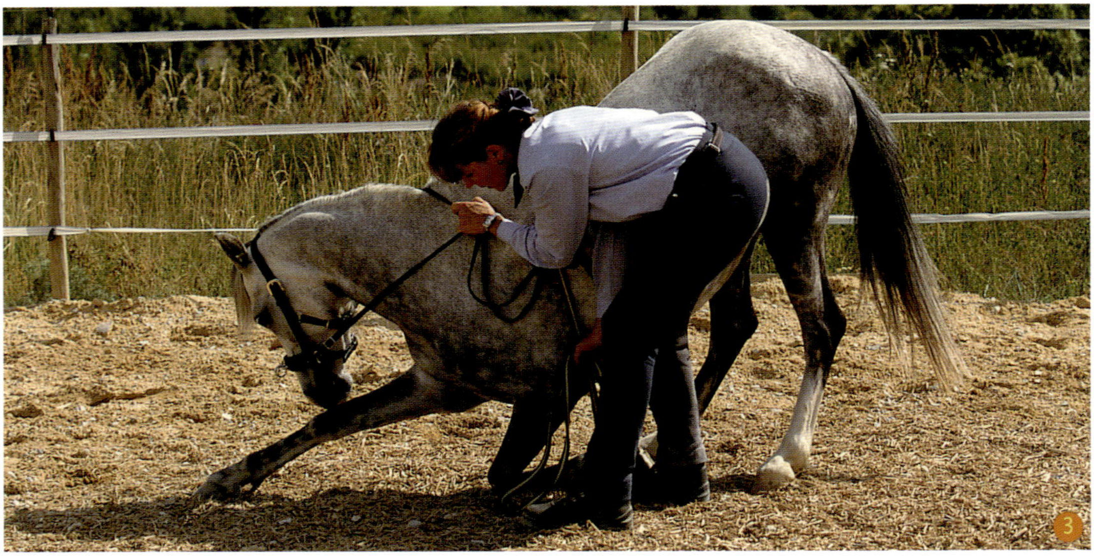
3

4 Lassen Sie Ihr Pferd auf dem Hufschlag stehen und touchieren Sie seine Hinterbeine auf der Rückseite. Am Halfter geben Sie ein klitzekleines Zeichen zum Vorwärtsgehen. Hebt Ihr Pferd das Bein hoch und setzt es etwas vor, hat es Sie verstanden. Wenn nicht, dann greifen Sie zum Huf und führen diesen, nachdem Sie ihn touchiert haben, nach vorne. Das Gleiche machen Sie auf der anderen Hand und arbeiten an dem Gehorsam, dass Ihr Pferd auf Touchieren die Beine nach vorne setzt.

6 Wenn Ihr Pferd zu Boden geht, können vier verschiedene Reaktionen eintreten:

Erstens Es bleibt aufrecht liegen. Füttern Sie es reichlich und freuen Sie sich. (Brauche ich gar nicht zu erwähnen, tun Sie sowieso.)

Zweitens Es legt sich sofort flach hin. Loben Sie es und bieten Sie ihm flach liegend in dieser Position Futter an.

Drittens Es springt sofort wieder auf (Sie verzichten auf ein Lob) und

Viertens Es beginnt sofort sich zu wälzen.

Was ist, wenn …
… sich Ihr Pferd über die Schulter fallen lässt und sich nicht in den Hanken beugt, wodurch es gemütlicher zu Boden käme?
Üben Sie das Wiegen länger und lassen Sie dazu den Hals des Pferdes gerade. Üben Sie das Wiegen auf vier Beinen, auf drei Beinen, aus dem Stehen hin zum Kompliment und schließlich im Kompliment. Vermeiden Sie, Ihr Pferd zu stark gebogen herunterzuziehen, denn das ist der Grund für diesen Fehler.

Was ist, …
… wenn sich das Pferd sofort wälzen will?
Ihr Pferd darf sich in Ihrer direkten Nähe nicht wälzen. Wenn Sie ein Pferd über das Wälzen zum Liegen bringen, befinden Sie sich beim Wälzen nicht in der Nähe des Pferdes, sondern „pirschen" sich heran. Erst wenn sichergestellt ist, dass sich Ihr Pferd mehr auf das Futter konzentriert und das Wälzen unterbleibt, befinden Sie sich in seiner direkten Nähe. (Siehe S. 129
Sie verhindern das Wälzen nach dem Ablegen folgendermaßen:
Bei temperamentvollen, explosiven Pferden:
Sie entfernen sich sofort und gehen den gleichen Verlauf wie beim Hinlegen über Wälzen.
Bei ruhigen, unerschütterlichen Pferden:
Das Pferd liegt aufrecht und wirft sich herunter zum Wälzen: Um sich zu wälzen, muss ein Pferd Schwung holen, und zwar indem es sich kurz auf Sie zu dreht. Verhindern Sie diese Drehung. Sie verwenden sofort eine breite Zügelführung, in der der rechte Zügel am Hals angelegt ist und der linke Zügel vom Hals weggeführt wird (offene Zügelführung). Beide Hände führen Sie energisch nach links, so dass sich das Pferd flachlegt.
Das Pferd liegt flach und will sich wälzen:
Sie fixieren den Pferdekopf fest am Boden, indem Sie energisch am linken Zügel ziehen. Kann das Pferd den Kopf nicht bewegen, kann es sich nicht wälzen. Erst, wenn es keinen Versuch mehr unternimmt, sich zu wälzen, können Sie den Zügelkontakt lösen und füttern Ihr Pferd in der flach liegenden Position.

Was ist, …
… wenn das Pferd sofort wieder aufspringt?

Bei temperamentvollen, explosiven Pferden:
Wie immer bleibt Ihnen nichts anderes übrig, als auf Zeit und Geduld zu setzen.
Sie können auch den Weg der Stute „Monodie" gehen und durch perfekten Sekundengehorsam zum Stoppen, die Bewegung des Aufspringens abbremsen (siehe S. 142).

Bei ruhigen, unerschütterlichen Pferden:
Ist Ihr Pferd zu Boden gekommen, biegen Sie den Hals blitzschnell mit breiter Zügelführung nach rechts, also den Kopf zum Bauch hin, so dass die Pferdenase den Bauch berührt. Oder Sie locken Ihr Pferd mit Futter in diese Position. Erzwingen Sie nichts, die Wiederholung wird Ihnen helfen.

Aufrecht Liegen bleiben

1 Ist Ihr Pferd zufällig oder beabsichtigt zu Boden gekommen, versuchen Sie es mittels Futter unten zu halten. Sie befinden sich hinter seinem Rücken in kniender Position und reichen mit Ihrer Hand Futter über den Rücken, um das Pferd so zu füttern, dass es sich mit dem Hals zum Bauch biegt. Wollen Pferde aufstehen, so benutzen sie den Hals dazu. Er ist dabei gerade und angehoben. Die Position, aus der Sie füttern, begünstigt das Verharren am Boden.
Ach, ist das schön! Ein lange gehegter Wunsch wird wahr.

2 Noch bevor Ihr Pferd aufspringt, treten Sie weit von ihm weg und rufen: „Und, auf!" Das Pferd soll möglichst lernen, dass es in Ihrer Nähe am Boden bleiben soll, aber, wenn Sie sich entfernen, aufstehen darf.

1

3 Kommt Ihnen das Pferd zuvor, dann bewegen Sie sich mit ihm nach vorne und rufen ebenso: „Und, auf!"

4 Nun erreichen Sie durch stetige Wiederholungen in der nächsten Zeit, dass Ihr Pferd immer länger am Boden verbleibt. Sie füttern dabei „was das Zeug hält". Aufgrund der Futtergaben wird Ihr Pferd gerne unten bleiben. Das hat sogar mein scheues „Tabilein" (Tabea) verstanden und schätzt diesen Moment sehr. Steht Ihr Pferd auf, bekommt es kein Futter mehr.

5 Hat Ihr Pferd diesen Ablauf verstanden und bleibt inzwischen beliebig lange liegen, dann nehmen Sie die Gerte und streichen es ab, wie zuvor bei der Statue. Sie könnten auch mit der Statuenübung beginnen und daraus Ihr Pferd ablegen.

6 Wie bei der Statue vergrößern Sie allmählich den Abstand zum Pferd und lassen es sich immer erst auf den Zuruf „Und, auf!" erheben.

7 Sie können beginnen, um das Pferd herumzutreten, und dürfen es aus der Position auf der rechten Seite füttern. Füttern Sie nie vorne und dicht vor dem Pferd, denn in diesem Bereich setzt das Pferd seine Hufe zum Aufstehen vor und könnte Sie schmerzhaft treffen. Als Letztes verrate ich Ihnen noch, wie das Pferd das Knien zukünftig vom Liegen unterscheidet:

- Durch unterschiedliche Stimmkommandos,
- durch unterschiedliches Touchieren,
- dadurch, dass Sie beim Knien mittels der Zügel den Hals gerade und den Kopf hoch halten, während Sie zum Hinlegen den Hals (entgegengesetzt zur Fallrichtung) biegen, unterscheidet das Pferd die Lektionen.

1

Flachliegen

Ich wende weder beim Flachliegen noch beim Aufrechtliegen Druck an, um die Pferde am Boden zu halten. Die Zeit arbeitet für mich, Zwang ist überhaupt nicht nötig, sondern schadet nur.

1

1

1 *Startbild* Sie werden Ihr Pferd erst zum Flachliegen auffordern, wenn es das Aufrechtliegen beherrscht, denn dann ist das flache Hinlegen eine Kleinigkeit. Die Schritte entsprechen der Intervention gegen ein Aufspringen oder Wälzen (siehe S. 135, 136). Sie haben Ihr Pferd wie immer mit Halfter und Zügeln ausgestattet. Die Zügel sind nicht verknotet, sondern können in voller Länge benutzt werden. Sie stehen hinter Ihrem aufrecht liegenden Pferd und bringen die Zügel in Kontakt. Sie biegen das Pferd im Hals. Dazu führen Sie die Hände sehr breit und ziehen weich nach links abwärts in Richtung Boden. Der rechte Zügel legt sich dabei an den Pferdehals an. Ihr Pferd folgt Ihrer Bewegung und legt sich ab. Sie füttern so lange, wie Ihr Pferd am Boden liegen bleibt.

2 Springt Ihr Pferd auf, halten Sie es nicht fest, sondern setzen auf den Gewöhnungseffekt und Erfolg von wiederholten Versuchen. Mit Anouk habe ich erlebt, wie unsicher ein Pferd zu Anfang sein kann und sich von Tag zu Tag verbessert, wenn man dem wachsenden Erfolg genug Zeit lässt. Es ist nicht immer notwendig, in den Verlaufsformen zu wechseln, die entweder eine spezielle

1

Basislektion, wie zum Beispiel Stoppen im Sekundengehorsam oder sehr viel Routine voraussetzen.

Ungewolltes Flachliegen / Aus dem Flachliegen ins aufrechte Liegen

Manche Pferde wollen nicht aufrecht liegen und legen sich stattdessen flach oder manche Pferde schmeißen sich aus dem Kompliment direkt flach zu Boden. Trifft das auf Ihr Pferd zu, dann füttern Sie es in dieser Position und bewahren Ruhe. Richtet es sich von alleine auf, ohne aufzuspringen, noch besser. Das wird aber wahrscheinlich nicht der Fall sein. Wir gehen davon aus, dass Sie auf der linken Pferdeseite stehen und das Pferd sich mit dem Rücken Ihnen zugewandt abgelegt hat. Sie werden es mit einer breiten Zügelführung (der linke Zügel ist angelegt, der rechte offen) anzuheben versuchen. Stupsen Sie sanft mit Ihrer Fußspitze in die Bauchseite, um Bewegung zu initiieren. Beginnt das Pferd sich aufzurichten, dann biegen Sie seinen Hals stark nach rechts, um ein Aufspringen zu verhindern.

Tabea legt sich aus dem Kompliment mit Fußlonge sofort auf die Seite flach hin. Dagegen kann ich fast nichts machen, denn ihr explosiver Charakter zwingt mich zur Ruhe. Ich kann sie mit Zügeln nicht ins aufrechte Liegen hochweisen. Also warte ich ab. Hätte ich eine Helferin, dann würde ich hinter dem Pferd bleiben und die zweite Person würde das Pferd mit Futter ins aufrechte Liegen locken.

Kurz gesagt

Startbild: Das aufrecht liegende Pferd
Zielbild: Das völlig flach am Boden verharrende Pferd
Körpersprache:
Stimmkommando: „Flach" oder ein Kommando Ihrer Wahl
Berührendes Signal: Hand an der Halsseite oder am Mähnenkamm
Wiederholungen: Jeder Übungsschritt zwei- bis dreimal oder individuell auf das Pferd abgestimmte Anzahl
Equipment: Wie zuvor sich aus der Situation ergebend
Trainingsort: Halle, umzäuntes Terrain, weicher Boden
Vorbereitung: Liegen und aufrechtes Liegen
Lektion verhindern durch: Zügelhilfen, energisches Anspornen zum aufrechten Liegen

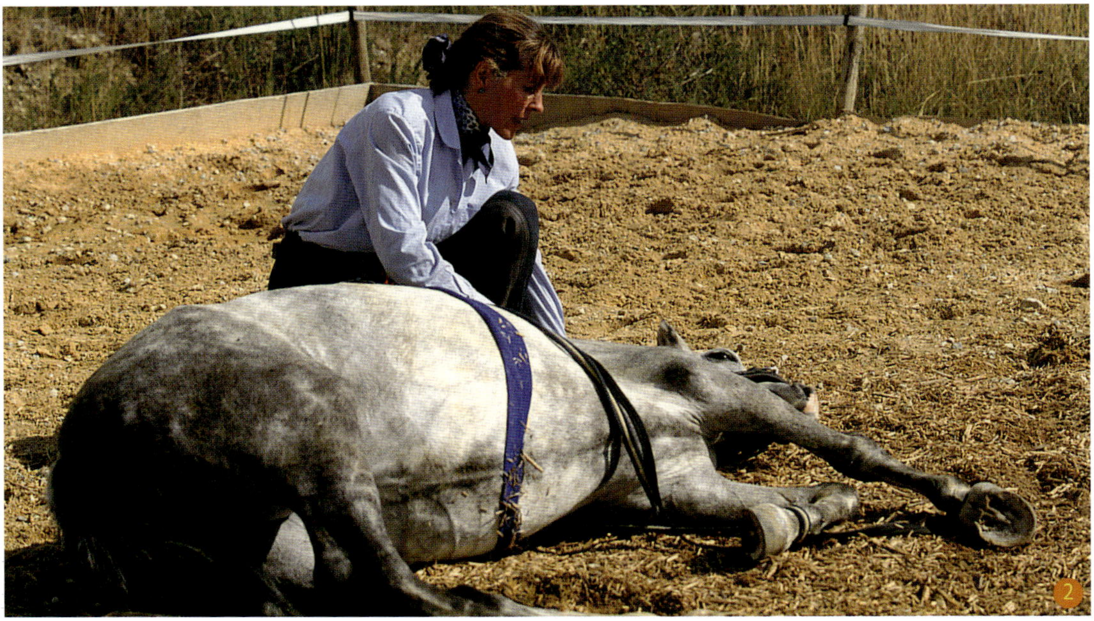

Sitzen

Ich will Sie noch einmal daran erinnern, dass Ihr Pferd für alle Dehnungsübungen aufgewärmt sein sollte. Sie müssen zum Sitzen auf einem Boden arbeiten, der der Sache gerecht wird. Er muss standfest genug sein, damit die Hufe nicht wegrutschen, und darf nicht scharfkantig sein.

1 *Startbild* In der ersten Phase führen Sie dem Pferd mit Ihren Händen die Beine nach vorne. Wir gehen also davon aus, dass Ihr Pferd das aufrechte Liegen perfekt beherrscht und Sie um das Pferd herumgehen können, ohne dass es sich bewegt. Es liegt mit den Beinen nach rechts auf seiner linken Bauchseite. Sie befinden sich auf der rechten, also den Beinen zugewandten Seite und füttern Ihr Pferd. Langsam führen Sie sein rechtes Bein in einem Bogen nach vorne. Sie streichen das Bein ununterbrochen ab und füttern das Pferd weiterhin.

1

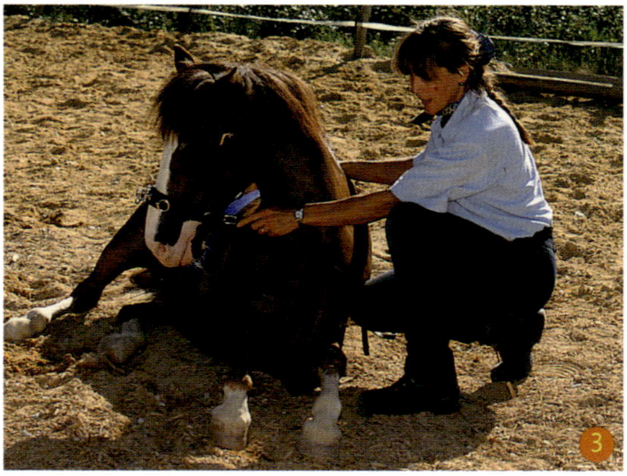
3

Kurz gesagt

Startbild: Das aufrecht liegende Pferd
Zielbild: Das Pferd sitzt und hat beide Vorderbeine mittig vor den Hinterbeinen
Körpersprache: Hoch oder zur Seite locken
Stimmkommando: „Sitzen“ oder ein Kommando Ihrer Wahl
Gertensignal: Touchieren der Vorderbeine oder an der Schulter
Wiederholungen: Jeder Übungsschritt zwei- bis dreimal oder individuell auf das Pferd abgestimmte Anzahl
Equipment: Halfter mit Zügeln, eine Gerte, viel, viel Futter
Vorbereitung: Ruhiges, beliebig langes Aufrechtliegen
Trainingsort: Halle, weicher aber sehr standfester Boden
Lektion verhindern durch: Flachliegen, energisches Antreiben, Zügelhilfen, die das Pferd daran hindern, sich aufzurichten oder aufzuspringen

2 Nach einiger Zeit treten Sie in die Distanz und animieren Ihr Pferd per Stimme aufzustehen. Diesen Verlauf wiederholen Sie, bis er gefestigt ist.

3 In einer weiteren Trainingseinheit ziehen Sie dann das zweite Bein hervor, streichen es ebenfalls mit der Hand ab, während Sie Ihr Pferd füttern. Denken Sie daran, dass Sie die Futtermenge nicht begrenzen, sondern so lange füttern, wie das Pferd ruhig bleibt. Sie schließen die Phasen damit ab, dass Sie vom Pferd wegtreten, damit es aufstehen darf.

4 Hat Ihr Pferd gelernt, in der Position der vorgestreckten Beine zu verbleiben, können Sie es aus dem aufrechten Liegen durch

weiches Touchieren der Vorderbeine oder an der Schulter auffordern, die Beine selber nach vorne auszustrecken.

5 Jetzt können Sie auch versuchen, das Pferd aus der Position mit vorgestreckten Beinen wieder flach zu legen. Dazu stehen Sie hinter ihm auf Höhe des Widerristes, biegen den Hals nach rechts und wie zuvor aus dem Aufrechtliegen legen Sie es flach ab. Sie entfernen sich und rufen Ihrem Pferd „Und, auf!" zu, so dass es sich erhebt.

Bleibt Ihr Pferd aus der Position der vorgestreckten Beine beliebig lange liegen und springt nur auf, wenn Sie es aus der Distanz auffordern, dann können Sie beginnen, Ihr Pferd hoch zu füttern.

6 Sie stehen auf der rechten Seite seitlich vor dem Pferd. Halten Sie ihm Ihre Hand mit Futter hin und schnalzen ganz leise, so dass es assoziiert, sich zu bewegen. Macht es eine ganz kleine abstemmende Bewegung, dann beenden Sie sofort und füttern wieder mit tiefer Hand. Wiederholen und festigen Sie dies.

7 Vielleicht steigert das Pferd von sich aus die Versuche, sich abzustemmen. Wenn nicht, dann animieren Sie es, indem Sie Ihre Hand immer etwas höher halten. Es wird sich immer weiter erheben.

6

5

6

8 Vielleicht ist es auch nötig, zu zweit zu arbeiten. Sie befinden sich am Widerrist hinter dem Pferd und halten die Zügel in breiter Position. Sie bitten die Hilfsperson, Ihr Pferd zu füttern, während Sie es leise auffordern, sich zu erheben.

Sie stupsen es ein wenig mit Ihrem Knie an der Schulter. Sobald es sich stemmt oder ein wenig erhebt, stoppen Sie es ganz weich mit den Zügeln ab. Sie wollen ihm nur eine Idee geben und es nicht zwingen. Es soll sich kleine Bewegungen trauen.

9 Ist es Ihnen möglich, so beenden Sie den Verlauf, indem Sie Ihr Pferd flach ablegen. Das ist nicht zwingend nötig, aber es erhöht das Verständnis des Pferdes, so lange am Boden zu bleiben, wie Sie das wollen.

10 Springt Ihr Pferd auf, so setzen Sie auf den Erfolg der weiteren Versuche. Es soll wagen, sich ein bisschen abzustemmen. Erst ist die Bewegung ganz unauffällig. Das muss überschwänglich gelobt werden. Daraufhin wagt das Pferd allmählich mehr und die abstemmende Bewegung wird deutlicher. Jedes Mal aber springt das Pferd noch eilig auf. Setzen Sie auf Zeit. Der Erfolg stellt sich ein. Meine Stute Monodie habe ich unglaublich schnell ins Sitzen bekommen, weil das Pferd zuvor aus allen Gangarten einen Sekundengehorsam zu „Hooh, Halt“ hatte. Als sie sich mit vorgestreckten Beinen abstemmte, habe ich spontan und energisch „Hooh, Halt“ gerufen und zu meiner Überraschung hielt sie im Sitzen inne. Da lobte ich selbstverständlich voller Freude und ohne Ende und fütterte sie und die Lektion war mit der ersten Ausführung entstanden.

11 *Anhalten im Sekundengehorsam* Trainieren Sie dies als Zwischenschritt. Dazu nutzen Sie die Situation, aus dem Schritt und Trab an der Hand prompt abzustoppen. Es lässt sich ein Abstoppen auch aus dem Rückwärtsrichten oder Seitwärtstreten ausführen. Das heißt, Sie unterbrechen die jeweilige Bewegung mit dem Anhalten. Des Weiteren verfahren Sie,

diesen Gehorsam an der Longe zu festigen und vertiefen die Ausführungen in der Arbeit unter dem Sattel. So können Sie zukünftig durch "Hooh, Halt" das Aufspringen verhindern.

12 Schließlich stemmt sich Ihr Pferd so hoch, dass man es Sitzen nennen könnte. Jetzt wollen Sie, dass es die Position seiner Vorderbeine versetzt, so dass sie vor den Hinterbeinen stehen. Dabei stellen Sie sich auf die rechte Seite Ihres Pferdes und füttern es immer weiter nach rechts, bis es die gewünschte Position erreicht hat.

Versteht es Sie nicht, arbeiten Sie wieder zu zweit. Sie befinden sich am Widerrist hinter dem Pferd und halten die Zügel breit. Sie führen mit Neckreining und offener Zügelführung nach rechts. Schieben Sie Ihr Pferd ein wenig nach rechts, halten Sie es zurück, damit es nicht aufspringt.

13 Hat das Pferd erkannt, dass es die Vorderbeine mittig zu den Hinterbeinen stellen soll und ist diese Phase gefestigt, dann können Sie Ihr Pferd wie in Phase sieben alleine mit dem Futter in diese Position locken.

Ben kennt diese Aufgabe sehr gut. Wenn ich ihn alleine in der Halle laufen lasse, dann wälzt er sich und setzt sich hin, so wie es sich gehört. Dann schaut er sich um, ob ich ihn beobachte und reckt seinen Hals, um zu sagen, dass er jetzt sicherlich Futterlob verdient hat.

Der Unterschied zwischen Ihrem Pferd und Ben ist, dass Ben schon viele Übungsstunden hinter sich hat, die Ihrem Pferd noch bevorstehen. Aber eines Tages, da kann auch Ihr Pferd manchem Profi das Wasser reichen!

Dann werden Sie sich einmal spätabends in den Stall begeben, sich eine kleine Manege abstecken, Ihr Pferd holen, eine wunderschöne Musik anstellen, mit Ihrem Pferd üben und nach dem Training, wenn die Musik immer noch läuft, damit die Stimmung noch gehalten wird, setzen Sie sich hin und genießen den Moment.

Sie haben so viel erlebt und erreicht. Das ist wunderbar!

› Was ich noch sagen wollte

Ist Ihnen aufgefallen, dass der Spanische Schritt unerwähnt geblieben ist? Er ist sicherlich ein Klassiker, aber leider fehlte für seine sorgsame Beschreibung schlichtweg der Platz. Sie können mich ja ermuntern, eine weiteres Buch zu schreiben!

Aus Platzgründen habe ich auch darauf verzichtet, Sie unentwegt anzuspornen oder mich mit Ihnen über jeden kleinen Schritt des Erfolges zu freuen.

Das hätte ich so gerne gemacht, aber ich habe um jede Zeile gerungen. So wünsche ich Ihnen den Erfolg, dass sich Ihre Beziehung zu Ihrem Pferd um ein Vielfaches erhellt, Sie beide an Selbstvertrauen und Stolz dazugewinnen und Sie viel Anerkennung von Stallkollegen, Freunden, der Familie oder anderen Personen ernten.

Ich möchte bekennen, dass ich dieses Buch mit seinen Mühen nur deshalb auf mich genommen habe, um Ihnen Möglichkeiten zu vermitteln, die schwierige und triste Dressurarbeit liebevoll und fröhlich zu gestalten. So würde ich Ihnen am liebsten das Versprechen abringen, sich zukünftig dafür einzusetzen, dort Veränderungen zu schaffen.

Erlauben Sie mir noch einen letzten Gedanken. Zirkuslektionen werden möglicherweise als „Pudeldressur“ abgewertet oder als „entartete Kunst“ abgetan. A propos Kunst. Die Trainingsphilosophie meines Mannes, Philippe Karl, beginnt mit dem Grundsatz „Die Kunst muss die Natur respektieren“. Bei jeglicher Arbeit mit Tieren, in unserem Falle mit Pferden, stellt sich die Frage, ob wir das Recht dazu haben.

Meine persönliche Antwort: Ja, wir haben das Recht zu dieser Form der Dressur, wenn das Pferd so sanft wie möglich ausgebildet wird und als unser bester Mitarbeiter gehegt und respektiert wird. Nie darf das Pferd versklavt werden und nie dürfen unsere Macht-, Besitz- oder Mittelpunktsinteressen zu Lasten des Pferdes gehen.

Tragen Sie dazu bei, unsere Pferde in der Arbeit zum Lachen zu bringen und brillieren zu lassen.

Ihre Bea Borelle

› Was Ben alles so kann

1. Ja, Nein sagen
2. Kompliment links
3. Kompliment rechts
4. Referenz, das Vorderbein gestreckt gehalten
5. Referenzpirouette
6. á genoux = knien
7. Plié = verbeugen
   7.1. Plié mit den Vorderbeinen auf einem Podest
8. Aufrecht liegen
   8.1. Flach liegen
   8.2. Zu beiden Seiten hinlegen
9. Sich mit einer Decke zudecken
10. Sitzen
    10.1. Im Sitzen ja, nein sagen, winken, fressen
    10.2. Aus dem Sitzen ins Liegen rechts
    10.3. Aus dem Sitzen ins Liegen links
11. Schulschritt
12. Polka
13. Spanischer Schritt
14. Spanischer Schritt rückwärts
15. Rückwärtsrichten frei ohne Führstrick (Verbindung ich bin vor ihm)

16. Rückwärtsrichten in beliebigen Wendungen (dabei bin ich hinter ihm)
    16.1 Rückwärtsrichten auf der Figur Acht
    16.2 Frei rückwärts durch Hindernisse wie zum Beispiel Flattervorhang, Engpass, durch das Labyrinth, durch ein L
    16.3 Ben geht frei rückwärts und ich ziehe einen Klappersack, der sich unter ihm befindet, rückwärts mit ihm mit. Die Schnur zum Klappersack befindet sich zwischen seinen Hinterbeinen *
17. Ben geht seitwärts auf mich zu (ohne Verbindung eben nicht von mir weg)
18. Ben arbeitet selbstständig auf der Wippe
19. Statue
    19.1 Statue mit Klappersack umrunden
    19.2 Statue mit Regenschirm umrunden
    19.3 Statue auf seiner Kruppe stehen
    19.4 Statue mit den Beinen in Eimern stehen
    19.5 Ben steht auf einem Podest und ich balanciere auf einem Brett, das auf seiner Kruppe und auf einer Tonne liegt, zu seiner Kruppe und setze mich auf ihn *
20. Ben verfolgt, jagt jemanden *
21. Arbeit auf dem Podest
    21.1. Ben stellt Vorderbeine auf das Podest und geht rundherum
    21.2. Ben zeigt eine Levade auf dem Podest *
    21.3. Ben zeigt Referenz auf dem Podest *
    21.4. Ben zeigt Kompliment auf dem Podest *
22. Ben steigt auf ein niedriges drehbares Podest und macht in rasender Geschwindigkeit eine Vorhandwendung um sich herum *
    22.1. Ben steht auf einem Cavaletti
    22.2. Ben balanciert auf einem Cavaletti

23. Ben stellt sich auf meine Knie, während ich sitze *

24. Ben ist ausgebildet an der Longe, zeigt perfekten Gehorsam und Schritt , Trab, Galopp, Halt, Rückwärts

25. Changé : Ben zeigt Handwechsel im Schritt und Trab an der Longe, so dass alle Bahnfiguren möglich sind zum Beispiel: Schlangenlinien durch die ganze Bahn , durch den Zirkel wechseln, Wechsel durch die ganze oder halbe Bahn

26. Ich stehe auf einer Tonne und longiere Ben *
   26.1. Ich stehe auf einer Tonne und arbeite Ben an der Doppellonge

27. Ben ist ausgebildet in der TT. E.A.M. Arbeit speziell dem Scheuparcours

28. Ben ist ausgebildet an der Hand
   28.1 Ben geht Schulterherein im Schritt und Trab
   28.2. Ben geht Travers im Schritt und Trab
   28.3. Ben geht Renvers im Schritt und Trab
   28.4. Ben geht Traversale im Schritt und Trab

29. Ben ist ausgebildet an der Doppellonge, in allen Gangarten, in allen Seitengängen

30. Ben ist ausgebildet unter dem Sattel, in allen Gangarten, in allen Seitengängen

31. Ben ist ausgebildet am langen Zügel
   31.1. in allen Gangarten
   31.2. in Seitengänge in allen Gangarten
   31.3. in der Piaffe
   31.4. in der Passage
   31.5. in der Pessade
   31.6. in der Courbette *
   31.7. in der Kapriole *
   31.8. im Schulschritt, Spanischer Schritt, Polka, Spanischer Schritt rückwärts
   31.9. in der Piaff - Pirouette

32. Ben kann Kapriole frei *

33. Ben kann Piaffe frei

34. Ben kann Piaff - Pirouette frei

35. Ben ist ausgebildet vor der Kutsche, lässt sich einspännig fahren *

36. Ben geht vor der Kutsche Piaffe, Passage, Spanischer Schritt

37. Ben springt frei
   37.1 Ben springt im Schaubild mal abwechselnd über ein Band mal kriecht er drunter her

38. Ben springt an der Longe oder Doppellonge. Bis jetzt höchster Sprung 1,10 m

39. Ben rollt einen Teppich aus, rollt Tonnen oder Bälle

40. Ben schubst von hinten

41. Ben stubst einem einen Hut vom Kopf
   41.1. Ben hält vor dem Hindernis und stubst die Stangen runter

42. Ben zieht sich den Sattel vom Rücken

43. Ben gibt Küsschen

44. Ben flexioniert sich (biegt sich extrem) im Stehen nach rechts oder links und gibt dabei Küsschen

45. Ben
    45.1. schüttelt ein Kissen aus,
    45.2. winkt mit einem Tuch,
    45.3. schüttelt den Klappersack,

46. Ben spielt Gespenst, läuft neben mir her, während er mit einem Tuch zugedeckt ist

47. Ben balanciert über ein Brett

48. Ben steigt und landet mit den Vorderfüßen auf dem Brett

49. Ben zeigt guten Gehorsam als Handpferd, läuft mit jedem Pferd mit

50. Ben läuft neben dem Fahrrad oder beim Joggen mit

51. Ben steigt *

52. Ben tanztWalzer

53. Ben läuft im Steigen *

54. Ben kreuzt die Beine

55. Ben macht „ Mamma's Liebling" (Kopf auf die Schulter legen)

56. Ben lacht

57. Ben kaut auf Befehl

58. Ben steigt auf meine Schultern *

Zur Zeit in Arbeit:

59. „Schule ist aus, wir gehen nach Haus'" (Kopf ins Halfter stecken)

60. Sich im Steigen drehen *

61. Levade *

62. Levade frei *

63. Fliegender Wechsel nach links klapppt, nach rechts nur über einen Trabtritt *

64. Courbetten mehrfach gesprungen *

65. Ich nähere mich ihm mit einer großen Plastikplane und verberge ihn darunter

66. Ich longiere ihn aus einem Karton heraus

67. „Mach' mal' was anderes"

Das ist die allerschärfste Nummer:
Ben muss eigenständig Lektionen zeigen ohne die schon gezeigten zu wiederholen

Die mit * gekennzeichneten Übungen sind nicht zum Nachmachen empfohlen außer in Zusammenarbeit mit einem Profi!

Service

› Nützliche Adressen

Bea Borelle / Philippe Karl
Ferme Fortia
F-26510 Montréal-Les-Sources
Frankreich
Fax: 0033-4752-73403

Deutsche Reiterliche Vereinigung (FN)
Freiherr-von-Langen-Str. 13
D-48231 Warendorf
Tel.: 0049-(0)25 81-63 62-0
Fax: 0049-(0)25 81-6 21 44
www.fn-dokr.de

Vereinigung der Freizeitreiter und -fahrer in Deutschland (VFD)
Auf der Hohengrub 5
D-56355 Hunzel
Tel.: 0049-(0)6772-9630980
Fax: 0049-(0)6772-9630985
www.vfdnet.de

Bundesfachverband für Reiten und Fahren in Österreich
Geiselbergstr. 26-32 / Top 512
A-1110 Wien
Tel.: 0043-(0)1-7 49 92 61-13
Fax: 0043-(0)1-7 49 92 61-91
www.fena.at

Schweizerischer Verband für Pferdesport
Papiermühlestr. 40 h
Postfach 726
CH-3000 Bern 22
Tel.: 0031-(0)3 35-43 43
Fax: 0031-(0)3 35 43 58
www.svps-fsse.ch

FS Reit-Zentrum Reken
Frankenstr. 37
D-48734 Reken
Tel.: 0 28 64-24 34
Fax: 0 28 64-58 60
www.fs-reitzentrum.de

TTEAM Deutschland
Bibi Degn
Hassel 4
D-57589 Pracht
Tel.: 0 26 82-88 86
Fax: 0 26 82-66 83
e-mail: gilde@tteam.de

TTEAM Österreich
Martin Lasser
Spitalgasse 7
A-2549 Bad Vöslau / Gainfarm
Tel.: 06 64-1 25 02 52
e-mail: tteam.office@aon.at
www.tteamoffice.at

TTEAM Schweiz
Christine Wittwer
Kronberg
CH 3504 Oberhünigen
Tel.: 031-791 17 22
e-mail: gilde@tteam-ttouch.ch
www.tteam-ttouch.ch

T.T.E.A.M.® News International – der sehr empfehlenswerte Newsletter mit Linda Tellington-Jones und vielen aktuellen Informationen und Artikeln zu TTouch und TTeam erscheint 4x im Jahr auf Deutsch und kann über www.tteam.de bestellt und abonniert werden.

Deutsches Pferdemuseum
Holzmarkt 9
D-27283 Verden (Aller)
Tel.: 0 42 31-80 71 40 (Ausstellung)
Tel.: 0 42 31-80 71 50
e-mail: pferdemuseum@t-online.de
Das Deutsche Pferdemuseum in Verden bietet für alle Pferdeinteressierte eine informative Ausstellung, eine große Bibliothek und viel Information rund ums Pferd.

Bezugsquellen

Den im Buch beschriebenen Halsring können Sie über die TTEAM-Gilde bestellen.

Plastikplanen zum Bau eines Flattervorhangs bekommen Sie in jedem gut geführten Baumarkt.

› Zum Weiterlesen

Aguilar, Alfonso: **Wie Pferde lernen wollen**
Bodenarbeit, Erziehung und Reiten,
Kosmos 2004
Der Mexikaner Alfonso Aguilar, bekannt für seine begeisternde und einfühlsame Art Pferde zu trainieren, zeigt anhand vieler praktischer Übungen den Weg auf, wie Pferde in ihrem Wesen begriffen und gefördert werden können.

Bayley, Lesley: **Trainingsbuch Bodenarbeit**
Die Methoden und Übungen der besten Pferdeausbilder, Kosmos 2006
Alles Gute kommt vom Boden. Denn Bodenarbeit fördert das Körpergefühl, dient der Gymnastizierung und ist eine ideale Ergänzung zum Reiten. Hier sind die Methoden der bekanntesten Ausbilder erstmalig in einem Buch beschrieben.

Borelle / Braun: **Bea Borelles Pferdetraining**
bewusst – befähigt – begeistert,
Kosmos 2002, 2008
Wohlfühlübungen fürs Pferd für jeden Tag, Spieltraining für Vertrauen und Abwechslung – mit diesem Training legen Sie die Grundlagen für eine gelöste, entspannte und motivierte Arbeit unter dem Sattel.

Hinrichs, Richard: **Pferde schulen an der Hand**
Wege zum Lösen und Versammeln,
Kosmos 1999, 2005
Dieses Buch gibt vielfältige Möglichkeiten, wie die freiwillige Mitarbeit des Pferdes durch den Einsatz von Zügeln, Gerte, Stimme und Körpersprache gefördert werden kann.

Karl, Philippe: **Reitkunst**
Klassische Dressur bis zur hohen Schule,
Cadmos, 2009
Dieses Buch dokumentiert über 15 Jahre hinweg den Ausbildungsweg Odins vom jungen Pferd bis zum perfekt ausgebildeten Schulpferd: von der Bekämpfung der natürlichen Schiefe über die Gymnastizierung an der Doppellonge bis hin zu Piaffe, Passage und Pirouetten.

Karl, Philippe: **Hohe Schule mit der Doppellonge**
Präsentiert von einem Reiter des Cadre Noir in Saumur, BLV 2002
Die Anwendung der Doppellonge bei der Ausbildung eines Reitpferdes ist beim Anreiten junger Pferde sinnvoll. Bei der Verfeinerung der Ausbildung ist sie eine ideale Ergänzung zu Schulung unter dem Reiter.

Krämer, Monika: **Pferde erfolgreich motivieren**
Das 8-Punkte Programm, Kosmos 1998, 2007
Die Grundprinzipien von „mehr Leistung durch Motivation" gelten auch für Pferde. In diesem Buch sind erstmalig alle Faktoren zusammengetragen, die zur erfolgreichen Motivation des Pferdes notwendig sind.

Kreinberg, Peter: **Grundausbildung für Western- und Freizeitpferde**
Kosmos 2001
Peter Kreinberg zeigt in seinem Buch die behutsame, konsequente und in logische Teilschritte gegliederte Ausbildungsmethode, die das Wesen und die Psyche des Pferdes stets berücksichtigt.

Kreinberg, Peter: **Grundkurs Westernreiten**
Kosmos 2002
Der erfahrene Westerntrainer Peter Kreinberg beschreibt den Weg zu einem einfühlsamen Sitz, zu richtiger Hilfengebung sowie die Korrektur typischer Reiterfehler. Mit hilfreichen Tipps und sinnvollen Übungen für Ein- und Umsteiger.

Meyners, Eckart: **Das Bewegungsgefühl des Reiters**
Das innere Auge schulen, reiterliche Probleme lösen, mit über 300 praktischen Übungen,
Kosmos 2003
Mit der Meyners-Methode entwickelt der Reiter ein Gefühl für seine Bewegungsabläufe, Rhythmus und Gleichgewicht. Mit gezielten Übungen werden die häufigsten Reitprobleme und Sitzfehler korrigiert. Denn ein locker und entspannt sitzender Reiter ist die Voraussetzung für erfolgreiches Reiten.

Meyners, Eckart: **Aufwärmprogramm für Reiter**
Optimale Vorbereitung auf Training und Wettkampf, Kosmos 2008
Aufwärmen ist in nahezu jeder Sportart Standard. Endlich haben auch die Reiter die Bedeutung dieser Vorbereitung erkannt. In diesem handlichen Ratgeber findet jeder Reiter heraus, wie er sich optimal auf das bevorstehende Training oder eine Turnierprüfung einstellen kann und warum es so wichtig ist, Körper und Geist vor dem Reiten zu lockern und aufzuwärmen. Das Meyners-Programm: kurz, handlich, übersichtlich. Mit Schritt-für-Schritt-Fotos der Olympiasiegerin Heike Kemmer.

Neumann-Cosel, Isabelle von: **Reitersitz und Reiterhilfen**
Korrekt sitzen, gefühlvoll einwirken, Kosmos 2001
Ohne den richtigen Sitz und die richtigen Hilfen geht beim Reiten gar nichts. Hier wird Schritt für Schritt erklärt, wie der Reiter zu einem ausbalancierten Sitz findet und wie Sitz und Reiterhilfen zusammenspielen.

Ochsenbauer, Ute: **Schwierige Pferde verstehen und fördern**
Probleme als Chance sehen und lösen, Kosmos 2008
Selbst erfahrene Pferdemenschen stehen sogenannten Problempferden oft ratlos gegenüber. Das muss nicht sein. Die Autorin geht den Ursachen der Probleme auf den Grund, erklärt, was unerwünschtes Verhalten zu bedeuten hat und zeigt anhand praktischer Übungen, wie schwierige Pferde zu freundlichen Gefährten werden.

Penquitt, Claus: **Die neue Freizeitreiter-Akademie**
Reiten nach altklassischen, altkalifornischen und iberischen Vorbildern, Kosmos 2001
Eine Reitlehre anderer, besonderer Art, schonend für Reiter und Pferd, stellt hier Claus Penquitt, Ex-Europameister im Westernreiten, in Wort und Bild vor.

Penquitt, Nathalie: **Meine Pferdeschule**
Zauber der Verständigung, Kosmos 1996
Mit den Übungen dieses Buches lernen Pferde nicht nur bessere Körperbeherrschung, sondern werden auch konzentrierter und haben mehr Freude an der Arbeit. Neben Basislektionen wie Stehen und Herkommen auf Zuruf werden Zirkuslektionen und gymnastizierende Übungen Schritt für Schritt erläutert.

Podhajsky, Alois: **Die Klassische Reitkunst,**
Kosmos 1998, 2006, 2009
Die Ausbildung von Reiter und Pferd nach den Grundsätzen der Klassischen Reitkunst ist von zeitloser Gültigkeit. Noch immer werden die Pferde der Spanischen Reitschule in Wien nach diesen Grundsätzen ausgebildet. Diese wegweisende Reitlehre wurde von Alois Podhajsky, Olympiamedaillengewinner Dressur, erstmals schriftlich festgehalten.

Rashid, Mark: **Denn Pferde lügen nicht**
Neue Wege zu einer vertrauten Mensch-Pferd-Beziehung, Kosmos 2002
Als einer der bekanntesten und erfahrensten Pferdeausbilder Nordamerikas setzt Mark Rashid in seiner Arbeit mit Pferden auf Respekt und Vertrauen anstelle von absoluter Dominanz.

Schäfer, Michael: **Handbuch Pferdebeurteilung**
Exterieurbeurteilung, Pferdetypen und ihre Entstehung, Bau und Funktion des Pferdekörpers,
Kosmos 2000, 2007
In diesem Standardwerk erfahren Sie Grundlegendes über Pferdetypen und deren Entstehung, Anatomie und Physiologie des Pferdekörpers sowie darauf aufbauend die praktische Beurteilung des individuellen Pferdes oder Ponys. Ein Standardwerk, das in keiner Reiterbibliothek fehlen sollte.

Schöning, Barbara Dr.: **Das Kosmos Erziehungsprogramm Pferde**
Pferdeverhalten verstehen, Verhaltensprobleme vermeiden und lösen, Pferde richtig motivieren, Kosmos 2004
Hier finden Sie das kleine Einmaleins des guten Benehmens für Pferde und wie Sie es auch mit Ihrem Pferd spielerisch und mit Freude erreichen.

Schöning, Barbara Dr.: **Clicker Training für Pferde**
Kosmos 2000, 2006
Mit Clicker-Training zu den gewünschten Verhaltensweisen im Alltag, in unerwarteten Situationen, bei der Bodenarbeit und beim Reiten in Bahn und Gelände.

Tellington-Jones, Linda und Taylor, Sybil: **Die Persönlichkeit Ihres Pferdes**
Die Kunst, Charakter und Temperament zu erkennen und positiv zu beeinflussen,
Kosmos 2008
Mensch und Pferd sind beide Individuen mit eigener Persönlichkeit – daher passt nicht jedes Pferd auch zu jedem Reiter. Linda Tellington-Jones zeigt, wie man anhand von Körpermerkmalen Typ, Temperament und Charakter des eigenen Pferdes erkennt und bestärkt.

Tellington-Jones, Linda: **TTouch und TTeam für Pferde**
Der sanfte Weg zu Gesundheit, Leistung und Wohlbefinden, Kosmos 2003
Linda Tellington-Jones' berühmte TTouches für Pferde und die TTeam Bodenarbeit in detailgenauen Schritt-für-Schritt-Anleitungen. Für eine harmonische Mensch-Pferd-Beziehung.

Tellington Jones, Linda / Lieberman, B.: **Tellington-Training für Pferde**
Das große Lehr- und Praxisbuch,
Kosmos 2007
Die weltweit bekannte Autorin Linda Tellington-Jones zeigt in ihrem umfassenden Werk mit Hilfe der bekannten TTouches und der TTEAM-Arbeit den Weg zu neuer Partnerschaft, sanftem Umgang und gelungener Kommunikation.

Thiel, Ulrike: **Die Psyche des Pferdes**
Sein Wesen, seine Sinne, sein Verhalten,
Kosmos 2007
Wer weiß wirklich, wie Pferde fühlen? Ein Blick in die Psyche des Pferdes vermittelt überraschende Einsichten und beantwortet viele Fragen: Warum lassen sich Pferde nicht belügen? Warum sieht das Pferd den Reiter nicht immer als Partner, sondern auch als Raubtier? Warum ist Balance für Pferde lebensnotwendig? Lernen Sie, die Welt mit den Augen des Pferdes zu sehn!

Welz, Heinz: **Entdecke den Horseman in Dir**
Elf Schritte zu Gelassenheit und Sicherheit,
Kosmos 2003
Ein „Horseman" versteht, wie Pferde denken und fühlen – Kommunikation und Einfühlungsvermögen sind dazu der Schlüssel. In elf leicht nachvollziehbaren Lernschritten weist Ihnen der Autor den Weg zum wahren „Horsemanship".

› Register

› Impressum

Umschlaggestaltung von eStudio Calamar unter Verwendung von 4 Farbfotos von Christiane Slawik, Würzburg (Umschlagfoto) und Alain Laurioux / Kosmos (kleine Fotos U4).
Mit 272 Farbfotos

Bildnachweis
Farbfotos: Bea Borelle: (1: S. 10), Christiane Slawik: (2: S. 10, 59), Christiane Slawik / Kosmos (35: S. 12, 22, 30, 31, 32 (2), 33, 34, 35 (3), 47, 49, 50, 51 (3), 52, 55 (2), 58, 60 (2), 61 (3), 64, 70, 71 (2), 77, 88 (2), 123, 147), J. & G. Toton
(5: S. 3, 8, 108, 129, 144)

Alle weiteren 227 Fotos wurden von Alain Laurioux / Kosmos für dieses Buch angefertigt.

Alle Angaben und Methoden in diesem Buch sind sorgfältig erwogen und geprüft. Sorgfalt bei der Umsetzung ist indes doch geboten. Verlag und Autorinnen übernehmen keinerlei Haftung für Personen-, Sach- oder Vermögensschäden, die im Zusammenhang mit der Anwendung und Umsetzung entstehen könnten.

Gedruckt auf chlorfrei gebleichtem Papier

ISBN 978-3-440-09569-0
Redaktion: Alexandra Haungs
Gestaltungskonzept und Satz: eStudio Calamar
Produktion: Kirsten Raue / Claudia Kupferer
Printed in Germany / Imprimé en Allemagne